MW01199107

HUMOR NUESTRO DE CADA DIA

RIQUI GELL

Humor Nuestro de Cada Día

Riqui Gell riquigell@gmail.com
www.riquigell.com

ISBN: 978-1535148009

A menos que se indique lo contrario, las citas bíblicas fueron extraídas de la versión Reina Valera de 1960.

Edición: Diez Veces Mas Group
diezvecesmas@gmail.com

Diseño de portada: Piromedia

Diagramación: anamariatorelli@gmail.com

Corrección de estilo: Diez Veces Mas Group.

Segunda Edición 2016

Todos los derechos Reservados. Este libro está protegido bajo las Leyes de propiedad de derecho de autor Prohibida su Reproducción para uso comercial sin la debida autorización legal, se estimula y se permite el uso de referencias cortas y la copia de algunas de sus páginas para el estudio personal o en grupo. La autorización será concedida al solicitarse.

ÍNDICE

Empecemos 5
EL Rol de los Feos 7
Humor social 17
Los tacaños 19
Don de Continencia 25
Adán y Eva 29
Preguntas Peligrosas 35
Cosas del pastor 43
Personajes 49
Leyes de la Iglesia 67
El Nuevo 73
Los HP 77
El Manual del Pasajero 83
Los Pentecostales 89
Las redes Sociales 95
Mentiras Famosas 103
Los Aeropuertos 109
La Pobreza 113

EXTRA

Los Reales Avengers 121

En esta página no hay nada....

«Me reiré de mí mismo, porque el hombre es lo más cómico cuando se toma demasiado en serio».
Og Mandino. Escritor Estadounidense

Siempre que he tenido la oportunidad en los medios de comunicación de hablar de mis libros, digo que ellos son como bosquejos desarrollados; puesto que la mayor parte del contenido plasmado, sale de mis sermones, talleres o conferencias, que dependiendo del impacto en los oyentes, me veo motivado a ir mas allá. Este libro en cambio, es muy diferente. Es una especie de monólogos y artículos de humor de mis redes sociales, ampliados y enriquecidos. Fueron muchas las ocasiones en la que al terminar una presentación de humor, personas se me acercaban y me pedían la grabación o preguntaban como conseguir tal material. Así que empecé a subirlo a mi blog, pero todavía nadie me paga por leer allí.

En esta edición, ampliada y mejorada, no solo mostraré mis primeros relatos de humor, sino que en algunos momentos compartiré de donde nacieron y por supuesto, algunas reflexiones que puedan edificarte. Aunque parezca increíble, la mayor parte de lo que aquí está desarrollado es verídico, quizás en algunos casos pueda exagerar un poco, pero en otros la ficción no superaría la realidad.

Si tienes este libro, es porque te gusta reír. Dijo un sabio: «reír a carcajadas es la mejor medicina para una enfermedad, a menos que esa enfermedad sea problemas estomacales». Y como expresó un gran estadista: «una sonrisa da mas luz que el gobierno y cuesta menos» ¡Empecemos!

Monólogo de los Feos

Era un 25 de diciembre, estaba invitado a animar un reconocido concierto cristiano en mi pais. Como tenía varias participaciones, se me estaba agotando el contenido. Antes de subir por tercera ocasión, empecé a buscar en el ambiente algo que me inspirara. Miré a los músicos en el escenario, noté que los mas bonitos (según nuestra cultura) estaban al frente y los menos, atrás. Vi a los locutores presentes, ni uno solo era bonito. Recordé mi infancia, las obras de teatros, como asignaban papeles de acuerdo al físico. Las películas donde los feos mueren de primero, y mientras pensaba en eso, llamaron mi nombre para subir al escenario, en ese momento nació el monólogo: «El rol de los feos»

Esa iglesia está llena de feos. Carta de Pablo a los Adefesios 19:1

EL ROL DE LOS FEOS

«Ser pobre y feo tiene sus ventajas, cuando se enamoran de ti, lo hacen por tu corazón». Un pensador bien feo

Los feos son muy útiles donde quiera que estén, pues por lo general son humildes, trabajadores e inteligentes. Como la naturaleza no les proveyó belleza por fuera, ellos se destacan por otros aspectos que a fin de cuentas son más importantes. Sé que estás pensando en las típicas frases que fueron creadas por grandes feos de la historia, tales como: «la belleza está por dentro», «la hermosura es relativa», «nadie es feo», «la feura es cultural», bla, bla, bla. Si me llevo por eso no tengo material para escribir. Lo que si puedo decir, es que según un estudio de una destacada universidad de Boston, una de cada tres personas es fea. Por lo tanto, si a tu lado hay dos personas y no sabes quien es el feo; eres tu.

Quiero aclarar que no me refiero a todos los feos, porque hay muchos que son de gran utilidad. Me concentro en el feo que cree que es hermoso y actúa como si fuera una batida de Brad Pitt y Chayanne. Ese que tiene un aire farandulero, que lo hace ser un verdadero personaje. Cuando se enamora, no lo hace de las feas como él. Por ejemplo, están las cuatro danzarinas de la iglesia, las típicas de siempre: la bonita, la gordita, la feíta y la desubicada (que es la que siempre llega tarde a los ensayos y por eso en cada presentación está más pérdida que Adán el día de las madres). Si él se fija en una de ellas, ¿a cuál crees que va intentar enamorar? No pienses que es a la «de la belleza rara», no, ¡jamás! El intentará conquistar a la bonita y por eso siempre le va mal.

Los feos —al igual que los calvos— son punto de referencia en los lugares. Por ejemplo, si vas al teatro y alguien te escribe al teléfono, ¿dónde estás sentado? Si le respondes: «estoy detrás del calvo», te encontrará de inmediato. Es difícil ignorar la presencia de un feo. Dicen que en una iglesia había un señor tan feo, pero tan feo que el pastor lo bautizó de lejos y con una pistola de agua.

Los feos han saturado las redes sociales. Es sencillo encontrarlos; de foto de perfil tienen automóviles, caricaturas y paisajes. Los que se arriesgan a subir su propia fotografía donde se ven bien, no la cambian en años. Se toman la foto del lado que se ven mejor, de noche, un poco retirados de la cámara y al lado de dos personas más feas que ellos. Por eso, si quieres conocer si la persona es realmente fea, ve al álbum de la playa; no hay trucos, maquillajes, peinado ni nada que valga. Supe de una joven tan fea que subió su foto a Internet y la detectó el antivirus.

Ministerios de los feos

Dentro de los músicos de cada agrupación, los feos tienen sus instrumentos asignados. El bonito comúnmente está en el piano, violín, guitarra y afines. Los feos siempre tocan percusión. Los encontrarás en la tambora, güiros, batería, maracas, etc. Y aunque siempre los tienen detrás o donde no da la luz, he visto que muchas veces los colocan al frente, porque son graciosos. Solo hay que fijarse en el grupo de alabanza de la iglesia para darse cuenta de los marginados que son. El bonito es el líder de adoración y si es famoso le dicen: «el levita», «salmista» o «adorador». El feo es rapero (todos los raperos son feos) y si canta en el coro, lo ponen de segunda voz y por lo general asignan un solo micrófono para cuatro feos.

En las congregaciones, el bonito casi siempre es pastor de jóvenes, apóstol, profeta, evangelista internacional. El feo es ujier, tesorero o diácono.

Mi experiencia visitando iglesias en toda América me ha enseñado que los feos están concentrados en dos ministerios específicos: pantomima o teatro negro (que es muy evidente ya hay que apagar las luces y ponerles maquillaje). Otro lugar donde encontramos muchos es en la radio. Nunca verás un locutor bonito, nunca. Eso está prohibido en la legislación radiofónica internacional. Los locutores deben ser feos (y a mejor voz, más feos son).

Sé que estás diciendo que yo soy malo, exagerado o que estoy inventando. Que debo arrepentirme o que soy Caín en su versión de Judas Iscariote, pero antes de que sigas juzgándome sin piedad, quiero hacerte una pregunta: en los dramas u obras teatrales ¿quiénes son los ángeles y los demonios? ¿Quién es el pastor y quiénes son los impíos? ¿A quién ponen a personificar a Jesús y quien es el diablo? En la pasión de Cristo, ¿quién actuará en lugar del Mesías y quiénes serán los ladrones? ¿Eh? Ah, ya sabes muy bien. Los bonitos serán los buenos y los feos son demonios, impíos, borrachos, Judas, Caín y demás.

Los lindos son arquitectos, los feos albañiles. Los bonitos son ingenieros en sistemas, los feos electricistas. No hay un sonidista bonito, ni uno solo. Yo no discrimino a los feos, el mundo es quien está contra ellos. ¡Feos levántense!

La oración

He notado como los predicadores también los discriminan. Por ejemplo, en la ministración, cuando pasan todos para que le oren, al bonito siempre le dicen: «Dios te entrega un ministerio, te envía a las naciones, serás pastor, prosperarás», etc. Al más o menos (no tan feo, ni tan lindo) le dicen: «mira que te mando que te esfuerces, levántate y resplandece, manada pequeña, aviva el don que hay en ti». Pero al feo, lo dejan de último y cuando ya no queda mas nadie por orar, le dicen: «¿cómo te llamas demonio? Demonio sal, sal sal saaaaaaaaaaal» (los predicadores creen que los feos siempre tienen demonios).

Consejo a las jóvenes

Mujer que me lees atentamente, si un bonito se enamora de ti, no te apresures, hazte amiga primero, luego que lo conozcas bien, ora a Dios y según vaya mostrándote si te conviene, puedes aceptar su amor. Pero si es un feo que te pretende, para ese sólo hay tres palabras:

1. Cancelo
2. No recibo
3. Te reprendo

Frases de feos

Al igual que los calvos, también los feos tienen sus frases, y lo que muchos ignoran, es que esas máximas fueron creadas por feos para proteger la clase. Por ejemplo, la expresión que dice: «los calvos son inteligentes» ¿quién crees que la creó? Exacto, un calvo. Asimismo los feos tienen las suyas:

«*La belleza está en el interior*» (Que se muden al interior a ver si embellecen).

«*Lo importante es lo de adentro*» (Sólo la aplico al comprar hamburguesa).

«*Feo, pero gracioso*». (Siempre es la madre o esposa de un feo que dice eso).

«*Tiene una belleza de otro planeta*» (Sí, del planeta de los Simios, por ejemplo).

«*Ella parece una princesa*» (Sí, la princesa Fiona, la esposa de Shrek).

Un pastor me dijo que a los feos les gusta leer en la Biblia el texto que dice que en el cielo tendremos un cuerpo transformado y glorificado. Y a propósito de pastores, leí la historia de uno que estaba casando a una pareja de novios, le expresó al futuro esposo: «Yo los caso gratis, pero acepto una ofrenda de acuerdo a la belleza de su novia». El joven sacó cinco dólares y se los pasó, a quien le pareció una miseria de ofrenda. Empezó la ceremonia, el novio levantó el velo para besar la novia y cuando el pastor vio la cara, ella era tan fea él que sacó cuatro dólares y se los dio al novio diciéndole: «*tome hermano, aquí está su cambio*».

No puedo olvidar la vez que escuché de alguien que era tan feo que ratones le comieron la licencia de conducir menos la foto; cuando llegaba a los lugares, en vez de saludar pedía perdón. Al comer limón, el limón era el que hacía las muecas. Cuando pelaba cebolla, ésta lloraba. Al nacer, lo pusieron en una incubadora con cristales oscuros. Al padre le dieron las condolencias y la madre, en vez de darle el pecho, le daba la espalda. Aprendió a caminar a los cuatro meses, porque nadie lo queria cargar. Cuando creció, después de muchos años en soledad, justo el día que logró encontrar una novia, el pastor mientras los casaba dijo por error: «*Los declaro marido y mujer, ojalá la muerte los separe*».

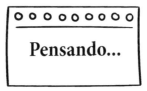

Pensando...

El corazón alegre hermosea el rostro...
Proverbios 15:13

José llegó a Egipto como esclavo, en un viaje por el desierto que posiblemente le tomó meses, y en condición de un producto o mercancía. Dudo que en ese trayecto se detuvieran cada 8 horas para que los esclavos se bañaran, cambiaran de ropa y se afeitaran. Por lo que deduzco que José llegó sucio, estrujado, con el pelo desarreglado y lleno de barba. Como no se aseaba, puedo imaginar que estaba bien apestoso, si él levantaba sus manos, la gente caía al piso y no por unción. Sin embargo, pese a su condición física, a lo sucio y estrujado, por encima del mal olor que tal vez tenia, y la

14

mala apariencia que mostraba, cuando el empresario egipcio Potifar lo vio, lo escogió y no pasó mucho tiempo cuando él se convertiría en el mayordomo de todos los asuntos de la casa. Por eso, por encima de nuestra apariencia, caer en gracia con Dios es el mejor maquillaje.

Los humanos siempre juzgarán por nuestro físico, peso, color, estatura, pero El Dios que nos creó, eternamente nos amará por nuestro corazón. Nunca nos discrimina, y no nos encuentra feos, pues lo único que para Él se afea es el alma por el pecado, pero ya en la cruz nos regaló el mejor embellecimiento para: Jesús. (Su gracia es el mejor Photoshop).

«Y Jehová respondió a Samuel: No mires a su parecer, ni a lo grande de su estatura, porque yo lo desecho; porque Jehová no mira lo que mira el hombre; pues el hombre mira lo que está delante de sus ojos, pero Jehová mira el corazón».

1 Samuel 16:7

VERSIÓN RIQUI GELL

«*El que madruga, Dios lo arruga*».

«*No le digas a Dios lo grande que es tu problema, Él ya lo vio en tu Facebook*».

«*Más sabe el diablo por Google, que por viejo*».

«*Dale a alguien un pez y comerá un día, enséñale a pescar y comerá siempre, fíale el pez y jamás volverás a verlo*».

«*Y cuando se haya acabado el café en el mundo; entonces vendrá el fin*».

«*Si tu esposa tiene una semana que no te habla, cuídala, que mujeres así ya no se consiguen*».

HUMOR
SOCIAL

«El día peor empleado es aquel en que no se ha reído».
Nicolás Chamfort. Escritor Francés

Gran parte de mi humor está relacionado con la Biblia y aspecto de la cristiandad, pues nací en una familia de fe evangélica y toda mi vida ha girado en torno a la iglesia. Pero al irme desarrollando en el humor, empezaron a llegar invitaciones para actividades de corte social; bodas, cumpleaños, cenas, fiestas laborales, etc. Esto me obligó a hablar de temas que nos identifiquen a todos. Comencé con el monólogo del amor, de ahí nació el de las mujeres complicadas. Hablar sobre ellas siempre me funciona, ya que todos tenemos madre, amigas, hermanas o esposa. Pero para cuidarme de no ser tildado machista, concebí algo sobre los hombres, los mas temidos, los menos deseados, los mas criticados, si, los hombres tacaños. Luego vinieron los monólogos sobre el matrimonio. A continuación, un resumen de algunos escritos de corte social: los hombres tacaños, las mujeres complicadas y el matrimonio.

En el idioma hebreo se lee de derecha a izquierda, es decir, de atrás hacia adelante. Así mismo leen los tacaños el menú cuando van a un restauran. Primero los precios y después los platos.

Sé de varios testimonios increíbles de hombres total y absolutamente «masetas» (como le dicen en Puerto Rico). Nunca olvidaré aquel día en que un señor iba con su esposa caminando por la calle, pasaron al frente de una panadería, el aroma a pan fresco le llegó a sus narices. La mujer (que como siempre hablan en claves) dijo: *¡Uy, pero que rico huele eso!* y el marido respondió: *si quieres podemos volver a pasar para que huelas mejor.*

Mujer que me lees, si estás soltera, es muy importante que prestes mucha atención a las señales que todo tacaño da (ya que eso es lo único que da).

—Si el joven que te está cortejando te invita al cine un martes o miércoles y dice que él pagará las entradas, no vayas a pensar que es generoso, son estrategias, ya que esos días hay 2x1.

—El tacaño por lo general los 12 o 13 de febrero empieza a discutir para el 14 estar enemigo de la pareja y no regalar nada. Así que si tu pareja ha hecho esto, anótalo. No puede ser coincidencia, amiga mía, abre los ojos.

Un lugar donde es fácil detectarlos es en la iglesia, especialmente en el momento de colectar las ofrendas. Cuando pasan el plato, levantan las manos como si fuera un asalto y cierran los ojos para simular que están alabando al Señor y así no dar nada. Pero no te confundas, no vayas a pensar que el tacaño no da presentes, si obsequia pero lo que regala, es con estrategia. Por ejemplo, los tacaños suelen dar: blower, plancha de peinado, tenaza, cepillos, peines, champú, rolos y cosas afines para evitar en un futuro pagar las tarifas del salón de milagros, digo, salón de belleza.

Este era un hombre tan, tan tacaño, que cuando murió su esposa, se casó con la cuñada para ahorrarse la suegra.

Recuerdo un diálogo de una pareja de esposos, donde la mujer preguntó:

—*¿Mi cielo, qué me regalarás para el día de los enamorados?*

— *¿Ves ese automóvil rojo allí estacionado?*

— *Siii amor lo veo.*

—*Te daré una plancha de ese mismo color.*

Como olvidar la historia de una mujer que se quejaba mucho del poco romanticismo del esposo. Un día le dijo: «viejo, tenemos tantos años de casados y nos queda poco tiempo de vida y si te mueres primero, no dejarás nada ni para comer el resto de mi vida». El le dijo: «vieja, no te preocupes, el mes que viene te daré algo para que si me muero primero, puedas al menos comer el resto de tu vida». El mes siguiente le regaló una cuchara.

Hubo otra historia que marcó mi vida, fue la ocasión en la que una mujer le reprochó a su esposo: «Mi cielo, en estos treinta años de casados has comprado para la casa estufa eléctrica, tostadora eléctrica, freidora eléctrica, a los niños les compraste un montón de juegos eléctricos, para ti una guitarra eléctrica pero a mí no me has comprado nada eléctrico». Y la semana siguiente el esposo le regaló una silla eléctrica.

Los «duros de codos» aparentan ser espirituales, ayunan mucho, pero no es por amor a Dios, sino por ahorrarse los desayunos. También simulan ser deportistas, siempre quieren caminar pero son maniobras para no pagar transporte. Como aquel señor que llamó un taxi y consultó:

—*¿Cuánto me cobras por llevarme al aeropuerto?*

—*500 pesos.*

—*¿Y las maletas cuanto pagan?*

—*Las maletas las llevo gratis.*

—*Ah, pues lleve las maletas y yo me voy caminando.*

Mujer, una manera de saber como es un hombre, es pidiéndole que te saque a pasear a un «lugar caro», el tacaño te llevará a una estación de combustible, así son ellos. Por cierto, cada vez que me siento solo voy a un puesto de gasolina, pues allí siempre me echan de menos.

En una ocasión una señora le dijo a su tacaño esposo: «soñé que me regalabas un anillo de oro de aniversario de bodas, ¿que significará ese sueño?» El, con voz romántica le respondió: «el día de nuestro aniversario conocerás el significado de ese sueño». Y la mañana del aniversario, ella encontró en la mesa de la sala una pequeña caja, bien adornada, con lazos rojos. Cuando la abrió muy emocionada, encontró dentro de ella un libro que se titulaba: «El significado de los sueños».

Secretos para evitar dar regalos el 14 de febrero:
(extraído del diario de un tacaño)

1. **Dile a tu pareja lo siguiente:** Mi religión no permite dar regalos.

2. **Empieza a expresar desde diciembre:** San Valentín es pagano como Halloween o el carnaval. Es del demonio.

3. **Usa este argumento:** No necesito el día de los enamorados para regalar. (Di lo mismo para las madres, padres, aniversarios, cumpleaños y navidad).

Y el más importante consejo: Invita una semana antes del 14 de febrero a tu pareja a salir, pídele a un amigo que le mande un mensaje al teléfono de ella de un número desconocido diciendo: «Yo también te amo mi fulana»(nombre completo de ella). Cuando llegue el mensaje, haz un *show* de celos con lágrimas, y grita: «tanto que confiaba en ti y ¿así me pagas? Terminamos, no quiero explicación». Corre de ahí, no tomes llamadas ni responda mensajes. Pon frases en tu Facebook y Twitter asi «No se puede creer en nadie» o «El amor es cruel» y más expresiones cursis. Luego, el 16 de febrero ve a su casa y dile que la perdonas, que te pusiste así porque tenías miedo a perderla, entiendes que hubo una confusión y que fue el peor San Valentín de tu vida por no tenerla al lado. Repite esto cada año y te ahorrarás el regalo del 14 de febrero.

*Un hombre era tan tacaño
que para ahorrar la gasolina
veía los servicios de su iglesia
por televisión y en el momento
de las ofrendas, cambiaba de canal.*

DON DE CONTINENCIA

«*Antes de poner en duda el buen juicio de tu mujer, fíjate con quien se ha casado ella*».
Proverbio Egipcio

Después de terminar la relación con quien fue mi primer amor, tomé la decisión radical de orar por el don de continencia. Para quien no sabe, ese es el llamado que el Señor hace a algunas personas a quedarse sin pareja por un largo tiempo o por el resto de su vida. Este término se hizo popular gracias al apóstol Pablo, quien lo tenía y lo promovía bastante, pero no solo él era así, tambien Juan el bautista, muchos de los apóstoles y grandes hombres de la historia. ¿Por qué? No crea que todos los que tenían este don eran por llamado divino, yo quiero postular que todo hombre que tomó la radical decisión de no casarse, es simple y llanamente porque conoció lo complicada que son las mujeres.

Me llegó esta revelación de mi propia emoción: antes de existir la Biblia, se creó el manual para entender a las mujeres, sin embargo, un ejército completo de ángeles no podía cargarlo por lo grande y pesado que era, como no cabía dentro del arca de Noé, con el diluvio se perdió. Por lo cual, el Señor decidió regalarnos el libro de Apocalipsis que es más fácil de entender que una mujer.

Muchas mujeres han reconocido que son más enredadas que el cabello crespo de una niña piojosa. Las féminas son tan complicadas, que pasan toda la vida orando por un príncipe azul y cuando Dios se lo envía, no lo quieren porque no es el tono de azul que les gusta. Te piden que les baje la luna, haces un esfuerzo titánico por cumplirles y luego te dicen: ¿no había una de otro color?

Una mujer es capaz de enojarse contigo porque no la sacaste de sorpresa a comer pizza como ella anhelaba, pero no se atrevía a pedirlo. ¡Pero princesa! Si quieres salir, ¿por qué no lo solicitas claramente? No, ella nunca lo hará. Y si a esto le sumamos la incapacidad que tienen los hombres de descifrar indirectas, entonces las cosas se ponen peor. Porque de repente la esposa le dice al marido:

—¿Viste el reloj que le compró el vecino a su esposa?
El hombre responde:
—Eh, na, ummm, no.
Y ella dice:
—Ese si es un buen regalo de madre.

El próximo día de las madres, seguro la mujer está esperando su reloj y ¿qué le trae el esposo? Una lavadora. ¿Por qué es mala persona? No, simplemente porque no entendió la indirecta. Si ella le hubiese dicho: «mi amor, para el día de madre quiero un reloj», estoy muy seguro que si está en sus posibilidades se lo hubiese comprado. El hombre que según la Biblia más esposas tuvo fue Salomón, lejos de envidiarlo hay que leer el libro de Eclesiastés para darse cuenta lo infeliz que murió. Con esto no estoy diciendo que la mujer hace infeliz al hombre, ¡jamás! Sólo digo que una sola mujer es suficiente para que un hombre pase toda su vida estudiándola, analizándola y conociéndola. Más de una, traerá aflicción de espíritu. Sobre todo pensar que por cada mujer que tuvo Salomón, Dios le asignó una suegra.

Nunca escucharás una mujer que diga: ¡uy, cuantos zapatos tengo! o dame 2 minutos que me voy a vestir, es sencillo, abriré el closet y me pondré lo primero que vea. Jaja, sueñe amigo, sueñe, que eso no pasará. Si Sócrates hubiera sido mujer hubiese dicho: «Solo sé que no sé qué ponerme». Las damas tienen el closet lleno de: «no sé qué ponerme» y aunque tengan 366 zapatos, no tienen zapatos. No discutas, no digas que tienen, porque no tienen.

Siempre después de vestirse te preguntarán: ¿Me veo gorda con esto? Esa interrogante es bien peligrosa, al igual que ¿Viste la nueva que llegó? ¿Esos senos serán operados? ¿Cuál de mis amigas te parece mas bonitas? Pregunta que como quiera que respondas, vas a perder, no se trata de vivir o morir, «es morir menos muerto». Te piden que las lleve al cine, les preguntas: ¿Qué quieres ver? Responden: «lo que tú quieras», escoges una película de acción y dicen ¡ay, esa no! Una de ficción y gritan: ¡esa no me gusta! Eliges de terror y expresan ¡Esa me da miedo! Ok y entonces ¿cuál quieres ver? La que tú quieras.

No puedo olvidar las veces que mi madre cuando me corregía me decía: «cállate la boca y respondeme». Ahí empecé a darme cuenta que las mujeres eran muy diferente a nosotros.

Debido a esas complejidades que se presentan en el mundo de las damas y otras aún mayores que contaré en los próximos capítulos, yo Riqui Gell a la edad de 20 años, decidí orar por el don de continencia.

Cuando una mujer te diga: «Haz lo que quieras», ¡No lo hagas!, quédate quieto, no respondas, no respires, no parpadees y hazte el muerto.

«Si Adán y Eva hubiesen sido Chinos,
todavía estuviéramos en el paraíso, porque se habrían
comido la serpiente en lugar del fruto».

¿Has pensando por qué Adán se llevó bien con Eva? Simple, porque Eva no fue una mujer complicada. Para empezar, ella no usaba ropa, así que Adán no tuvo que lidiar con la odiosa pregunta: ¿Mi amor, cómo me veo con esto? ¿Qué tal me queda la blusa? ¿Me combina? ¿Me veo gorda? El día que se vistieron, fue con hojas verdes. La envidia no es buena, pero yo envidio a Adán y Eva. ¿Han analizado lo afortunados que seriamos si vistiéramos de hojas verdes? Para empezar, no habría que complicarse combinando colores, te vistes como los guardias, de ramos y listo.

Segundo, si tienes hambre y no hay que comer, puedes morder tu ropa. ¿Te imaginas una ropa comestible? Tercero, no hay que lavar ni planchar, cuando se ensucie tu vestimenta, vas al árbol más cercano y te cambias. Cuarto, no importa que otros se vistan igual que tu. Y Quinto, siempre estarás a la moda.

Otro factor que ayudaba a Eva era que no tenía amigas, ni vecinos o matrimonios con quien comparar el de ella. ¿Te imaginas? Adán, tú no me has llevado a comer bananas en años, sin embargo, aquel mono siempre lleva su mona al bananero. ¡Ya tu no me quieeeeres!

Eva es la mujer modelo, puesto que no era celosa. Imagínate preguntándole a Adán: ¿Dónde estabas eh? ¿Con quién andabas? A ver, levanta tus brazos, voy a contarte las costillas. Muy diferente a algunas mujeres de estos tiempos, en una ocasión un joven llamó a su novia y le dijo: «amor mientras pintaba las paredes de la iglesia me resbalé, Ashley me trajo al hospital, creo que me rompí la pierna derecha, perdí mucha sangre y el doctor dice que tengo varias fracturas en el brazo izquierdo». Y ella inmediatamente le preguntó: ¿quién es Ashley? Los celos definitivamente son del mismo demonio. Supe de una mujer tan celosa que le preguntó al esposo: ¿Quién es alarma y por qué te llama cada mañana? (Libranos Señor).

Eva no iba al salón de milagros, digo, salón de belleza. Adán nunca lidió con su mujer recién llegada de hacerse un corte de pelo, donde ella pidió que le cortaran sólo la punta y la dejaron como Dora La Exploradora y te pregunte: Amor, ¿como quedó mi cabello?

Adán nunca supo qué se siente ser interrumpido por su mujer, en medio del momento más emocionante de la película o del deporte para hacerle una pregunta que se pudo esperar a los comerciales, pero que en ese momento es que Eva quería preguntar. (Por cierto, en los comerciales no preguntarán nada o se les olvidará).

Algo que no sé, es si Adán tuvo que memorizar fechas especiales para Eva: cumpleaños, aniversario boda, fecha del primer beso, de compromiso, día de san Valentín, de la amistad, de las madres, de la independencia de la mujer judía, etc. Creo que no, pues él se unió con ella cuando era recién nacida o mejor dicho recién creada.

¡Oh Adán, cómo te admiro!, nunca tuviste que llevar a tu esposa a un supermercado, plaza comercial o tienda de zapatos, jamás fuiste con ella de compra a ver cómo se demoraba toda una eternidad para elegir algo que al final no quería.

Las mujeres son complicadas todos los días de su vida pero hay 5 días al mes que son una especie

31

de la gran tribulación, el anticristo y la bestia del apocalipsis juntos. Yo siempre me he preguntado: ¿Por qué nuestros padres no nos hablan de que 5 días al mes las mujeres se ponen así? Lo vine a saber de grande. Ni siquiera en la escuela nos hablan de eso. Deben preparar a los varones desde niños, advertirles que en esos cinco trágicos días de nuestra varonil vida, no hay nada que podamos hacer para complacerlas. Si la abrazas te dice: «necesito espacio». La sueltas te dirá: «necesito amor y cariño, tú ni siquiera eso puedes darme». Le traes helado y te pelean diciendo: «yo estoy gorda, me traes eso para engordarme más y dejarme». No le das nada y entonces pueden decir: «tú ya no me traes detalles como cuando éramos novios»...

Entiende amigo, y no se te olvide, cuando una mujer está en su periodo, nada de lo que hagas te salvará la vida, reitero: **no se trata de vivir o morir, se trata de morir menos muerto.**

UNCIÓN
POÉTICA

«Nunca hubiese imaginado que una costilla nos iba a complicar y endulzar tanto la vida».

«El me dijo que quería envejecer conmigo, por eso le he dado tantos problemas que ya parece un viejito».

«No es justo que el amor lastime y el helado engorde».

«Si sientes mariposas en el estomago por una persona incorrecta, toma un ayuno de dos días y esas mariposas morirán de hambre».

«Hoy me siento como un testigo de Jehová tocando la puerta de tu corazón».

«El animal mas peligroso para la raza humana es las mariposas en el estomago».

«Por tu amor soy capaz de bañarme dos veces al día».

—*Tu abuelo se la dio a tu abuela, yo a tu madre y tú se la darás a tu mujer.*
—*¿Qué es papá?*
—*La razón en todo hijo. La razón en todo*

«La mujer llora el día de la boda. El hombre después».
Proverbio Polaco.

L as mujeres tienen el arte de hacer preguntas que ponen la vida del hombre en peligro. Son interrogantes difíciles de contestar, que si no se responden de manera correcta, afrontaremos peores consecuencias que los juicios finales. Pero como mi propósito es llevar paz a los matrimonios, aporto cada respuestas que un hombre debe utilizar para sobrevivir.

Preguntas que hacen las mujeres:
1. ¿En qué piensas?
2. ¿Me veo gorda con esto?
3. ¿Tú me amas?
4. ¿Crees que ella es más bonita que yo?
5. ¿Tu qué harías si me muero?

Primera: ¿En qué piensas?

Inmediatamente una mujer te haga esa pregunta, la respuesta automática que debes usar es: «Disculpa que he estado un poco pensativo, pero es que estaba meditando en lo afortunado que soy al Dios regalarme una mujer tan virtuosa, inteligente, hermosa y cariñosa como tú». Claro está, que esta respuesta no es ni la mitad de lo que hubiese respondido un hombre promedio:

¿En qué piensas?
a. En nada.
b. En lo lindo que está mi automóvil.
c. En lo gorda que estás.
d. En lo linda que está la vecina.
 e. En qué gastaría el dinero de tu seguro si te murieras.

Segunda: ¿Me veo gorda con esto?

Otra terrible pregunta que hacen con mucha frecuencia todas las mujeres del mundo mundial. La respuesta más adecuada para esto es: «Claro que no mi amor, como dirías algo así e inmediatamente cambiar el tema».

No cometas el error de responder:
a. No mi buda, digo mi vida.
b. Gorda, ¿Comparada con qué?
c. Yo no te llamaría gorda, pero tampoco delgada.
d. Esas libras de más te favorecen
e. Muuuuu

f. He visto mujeres más gordas que tú.

g. ¿Puedo ser sincero?

Tercera: ¿Tú me amas?

Es una de las preguntas que uno no sabe porqué la hacen. Así que no se puede meditar mucho, lo mejor es responder rápidamente con un: "Sí" o "Claro, mi amor". No lo pienses, no inventes, no te dejes llevar por tus hormonas masculinas y nunca se te ocurra decir:

a. Eh mmmm bueno.

b. ¿Te haría sentir bien si te digo que sí?

c. Eso depende, ¿para ti qué es el amor?

d. ¿Importa algo?

e. ¿Quién, yo?

f. La Biblia dice que amemos a nuestros enemigos.

Cuarta ¿Crees que ella es más bonita que yo?

Esto no es una pregunta, es una declaración de guerra. Así que de manera inminente su respuesta debe ser: Claro que no.

Jamás se le ocurra responder:

a. Sí, pero tú tienes más personalidad.

b. No más bonita, pero sí más delgada.

c. No tan bonita como cuando tú tenías su edad.

d. Define bonita.

e. Pero tu letra es ¡preciosa!

f. ¿Podrías repetir la pregunta? estaba pensando en qué gastaría el dinero de tu seguro si te murieras.

Pregunta final: ¿Tu qué harías si me muero?

Esta es la interrogante más peligrosa que le pueden hacer, la batalla es inminente. No importa cómo conteste, prepárate para por lo menos una hora de las siguientes preguntas:

MUJER: ¿Te casarías otra vez?
HOMBRE: ¡Definitivamente no!
M: ¿Por qué no? ¿No te gusta estar casado?
H: ¡Claro que sí!
M: Entonces ¿por qué no te casarías otra vez?
H: Ok, me casaría otra vez
M: ¿Dormirías con ella en nuestra cama? (casi llorando)
H: ¿Dónde más dormiríamos?
M: ¿Quitarías mis fotos y pondrías las de ella? (una lágrima rueda por su mejilla)
H: Creo que sería lo correcto y lógico ¿no?
M: ¿Y le darías mi automóvil? (ya no es tristeza sino enojo)
H: ¡Claro que no, ella tiene el suyo! (jeje)

Por lo tanto, cada vez que surja la pregunta: ¿Tu qué harías sí me muero? sólo queda una posible solución; le dices: «amor, vamos a visitar a la suegra, me hace falta verla» (y sal corriendo).

Pensando...

Génesis 2:18 Y dijo Jehová Dios: No es bueno que el hombre esté solo; le haré ayuda idónea para él.

Es cierto que las féminas resultan un poco complejas pero sin duda alguna, son lo más hermoso de la creación. Cuando Dios creó al hombre lo hizo perfecto, con todo lo lindo del Edén (que en hebreo significa deleite), 7 veces dice Génesis: «Y vio Dios que era bueno», pero lo unico malo que encontró en su perfecta creación,lo vemos cuando expresa: «No es bueno que el hombre esté solo». Nada pudo llenar a Adán como cuando le hizo la mujer. Le llamó ayuda idónea, aunque algunos por no saber, escogen una demonia, pero eso es otro tema. Para quien escoge en la voluntad de Dios, le pasa lo que dice Proverbios 18:22 DHH: «Encontrar esposa es encontrar lo mejor: es recibir una muestra del favor de Dios».

La mujer es única y especial, para empezar de una de ellas nacemos y dependemos totalmente por lo menos nuestros primeros años de vida. Al crecer nos enamoramos. Nuestra vida cambia, el hombre más terco, odioso y antipático se torna un «pan de azúcar» cuando se enamora. Hacemos cosas que no haríamos por nadie. Ellas nos enseñan el lado dulce de la vida, por lo general son más comprensivas, detallistas y respetuosas que nosotros. Aún nuestras diferencias son como para celebrarlas; ¿Te imaginas que las mujeres fueran iguales a los hombres? Fuera un caos y aburrimiento absoluto.

Si tienes una mujer a tu lado, valórala, no esperes darle muestra de cariño cada vez que la vayas a perder, no dejes de ser detallista y conviértete en el hombre del cual ella se enamoró al conocerte. Déjala ganar de vez en cuando, saborea con gusto la comida aun cuando se le queme (la hizo con amor), si quedó baja de sal, échale tú, si tuvo mucha, bebe agua y luego más tarde, con amabilidad, se lo comentas, recuerda que la sinceridad sin amor es pura agresión. Ponla en primer lugar, defiéndela delante de los demás y no la corrijas al frente de los otros. No olvides que las parejas no se corrigen, se aconsejan.

La Biblia no dice que ella es vaso frágil, sino que debe ser tratada como a un vaso frágil, o sea, como una copa, con cuidado y delicadeza. Pero igual trato merecen todas, no esperes que tu madre muera para llevarle flores y violín, hazlo en vida, valora la abuela, las hermanas, hijas, vecinas, cualquier dama, la condición de mujer merece trato especial.

Si eres hijo, recuerda que honrar nuestras madres es un mandamiento divino que trae promesas, no permitas que *sufra por ti, que pase hambre, frío o desnudez. Generalmente como tú trates a tu madre, serás tratado por tus hijos.*

Mujer, si leíste esto y te gustó, pero pensaste: «rayos, es él quien debería leer esto», pues dale el libro en los capítulos anteriores, leerá y se reirá de lo complicada que eres y luego se encontrará con esta reflexión. Si logra cambiar en algo, debes ser agradecida y envíame una ofrenda de amor en dólares. Gracias.

De igual manera, ustedes esposos, sean comprensivos en su vida conyugal, tratando cada uno a su esposa con respeto, ya que como mujer es más delicada, y ambos son herederos del grato don de la vida. Así nada estorbará las oraciones de ustedes. 1 Pedro 3:7 NVI

VERSIÓN
RIQUI GELL

«Todos los hombres son iguales» Una mujer China buscando su esposo.

«El 99% de mis medias tampoco tienen parejas y no andan por ahí llorando».

«La mujer sabia edifica su casa, mas la necia con la tarjeta de crédito la derriba». Proverbios 14:1 RGV

Si cambiaran los letreros de las puertas: «Hale» y «Empuje», por «Para tí» y «Para afuera» quizás habría menos confusión.

«En todas las casas hay una bolsa plástica que está llena de bolsas plásticas. Es como la madre de las bolsas».

«La risa de un bebé es el sonido mas hermoso que puedes escuchar. Excepto a las tres de la mañana, no tienes ningún bebé y estás solo en casa».

COSAS DEL PASTOR

♪ Din don din don, son las cosas del pastor: El dice una vigilia, yo soy un dormilón, el dice un cilicio, yo traigo mi colchón ♪

♪ Din don din don, son las cosas del pastor: Anuncia para el jueves, servicio de oración, yo traigo mi Teléfono y chateo por montón. ♪

♪ Din don din don, son las cosas del pastor: El pide una ofrenda para la construcción, yo salgo para el baño, la daré en otra ocasión ♪

Disfruto escuchar experiencia de pastores, mientras mas años tienen, mejor. Una vez le preguntaron a un pastor cómo hace para que los hermanos lleguen temprano a la iglesia y dijo: «Oh, pero muy simple, en mi iglesia hay doscientas personas y construí un parqueo solo para cien».

Tiempo atrás escuché que dos pastores jóvenes tenían problemas con murciélagos que habían invadido sus congregaciones, le habían hecho de todo y los animales no se iban. Fueron donde un pastor anciano a pedir consejería y éste les dijo que solucionó el inconveniente sin mucho esfuerzo. Ellos sorprendidos le pidieron que compartiera el secreto y el pastor anciano les dijo: «pues simple, agarré los murciélagos, los bauticé, los recibí como miembros activos de la iglesia, les asigné responsabilidades y jamás volvieron».

Hay que reconocer que como hay pastores buenos, llamados por Dios y de buen corazón, también hay falsos pastores, lobos vestidos de ovejas. Aquí te tengo algunos principios para descubrir si tu pastor es real o es un farsante anticristo.

1ro. La Barriga: Como reza el famoso proverbio: «pastor sin panza no es digno de confianza». La barriga es la tarjeta de presentación de todo ministro. Es lo que indica que el está bendecido, prosperado y en victoria. La «panza ministerial» te dirá que el ángel de la iglesia no es un muerto de hambre. De ahí es donde desprende la famosa frase "barriga pastoral". Tal vez en ella es donde el pastor guarda la unción...

La panza pastoral puede servir de púlpito. En caso que un día éste faltara, el predicador puede poner la Biblia encima de su barriga.

Es importante recordar que nosotros somos templo del Espíritu, si su pastor es gordito, es un mega templo. Un ministro que tenga six-pack (cuadritos) o vientre plano, no merece confianza, debe tener la barriga como si fuera una tortuga al revés, es decir, el caparazón adelante.

2do. Descombinación: Pastor que sepa vestir y combinar los colores de la camisa con la corbata y el pantalón, es un lobo vestido de oveja. Denúncialo ante el concilio, el ministerio, otros apóstoles o a la justicia de tu país. El mío solía ponerse una corbata gris, con una camisa roja y un pantalón verde olivo. O una camisa de cuadritos, con corbata de círculos y pantalón de rayas. Esa es la característica de un verdadero pastor, ya que su tiempo lo dedica a la oración y no a combinar colores.

3ro. Tamaño de la Biblia: Si tu pastor anda con un nuevo testamento azul, de los que regalaban los Gedeones, es «La Bestia» que acompañará al Anticristo. Los verdaderos ministros andan con una Biblia tipo maletín.

La Biblia pastoral debe ser letra gigante y con concordancia y diccionario teológico incluido, eso la hace más pesada y multifuncional, pues servirá para dos cosas:

Primero, identificarlo a distancia y segundo, pegársela a los endemoniados en la cabeza si no quierer ser libres.

4to. Cantidad de hijos: Según un estudio que realizó un grupo de investigación pastoral, se descubrió que los pastores que se planifican familiarmente, que tengan un hijo cada cinco años, que se hagan una vasectomía o preparen sus esposas para no tener más de dos criaturas, esos ministros son de la nueva era y de los «Iluminatis».

Todo buen reverendo sabe que debe tener mínimo 5 a 7 hijos, la cigüeña no visita la casa de los pastores, ella vive con ellos. Y tener muchos hijos es una gran ventaja para los ministros, pues estos serán los músicos de la iglesia, los líderes de jóvenes, los adoradores, encargados de los niños, y si crecen rápido hasta los pastores asociados. Un pastor puede que no tenga gracia para ganar un solo creyente pero si tiene muchos hijos, al menos así la iglesia nunca se verá vacía. Ellos son los primeros en aplicar el texto de Génesis de llenar la tierra y reproducirse.

—Pastor, necesito hablar con usted.
—Es muy tarde hijo, ¿no puedes esperar a mañana?
—Solo tengo derecho a una llamada, pastor.

Pensando...

Hebreos 13:17 «*Obedeced a vuestros pastores, y sujetaos a ellos; porque ellos velan por vuestras almas, como quienes han de dar cuenta; para que lo hagan con alegría, y no quejándose, porque esto no os es provechoso*».

El trabajo pastoral es poco valorado, muchos pastores mueren por enfermedades cardíacas o afectados del sistema nervioso, por el estrés que acumulan en el ministerio. Cuando suceden tragedias, ellos son los primeros en enterarse, intervienen en crisis matrimoniales, muertes, enfermedades y dificultades personales. Son bastantes los matrimonios que le deben su unión a la consejería de su pastor. Muchos pagan sin quejarse miles de dólares por una terapia para resolver algún conflicto, pero son criticados si dan una ofrenda o un diezmo a su pastor, quien seguro tiene años haciendo más. Por eso y otras cosas estamos llamados a amarlos, valorarlos, honrarlos en todo, porque ellos están ahí cuando más los necesitamos.

«*Acordaos de vuestros pastores, que os hablaron la palabra de Dios; considerad cuál haya sido el resultado de su conducta, e imitad su fe*». *Hebreos 13:7*

—*Pastor, ¿me cuenta un chiste?*
—*Ya que está tan ocioso hijo, ¿por qué no viene a limpiar la iglesia?*
—*Jajajaja, que buen chiste pastor. ¡Usted es el mejor!*

PERSONAJES

«*Crecerás el día en que verdaderamente te rías por primera vez de ti mismo*».
Ethel Barrymore

En el año 2007, en el Teatro de la Universidad Dominico Americano, en Santo Domingo, fue la primera vez que hice humor en un escenario. Los hermanos Yael e Israel Valenzuela, dos pastores con gran sentido del humor, crearon Las Noches de Humor Cristiano, una actividad donde se harían parodias, monólogos, personajes, canciones y chistes de lo que pasa en el entorno cristiano. Fui invitado a participar, ahí estuve por muchos años. En esas actividades nacieron mis personajes de humor. El primero fue un «muñeco humano», algo así como un títere, al cual llamé «Aleluyita». El segundo era «El apóstol

Mercado», una parodia del famoso astrólogo Walter Mercado. Recuerdo que la última vez que hice este personaje, trajo criticas negativas, ya que era un poco afeminado, decidí no volver a presentarlo. El tercero era la imitación de un compañero de mi antiguo trabajo, le decíamos «El Varón», era un joven soltero que cantaba desafinado. Sin embrago, el mas relevante para el público, fue el de un predicador pentecostal, gritón, de doctrina extrema conservadora que luchaba contra todo lo moderno.

El Revequenda nació una noche en la que estaba sentado en la iglesia donde crecí, habían invitado una persona, que lo menos que dijo fue que ir al salón de belleza era pecado. Predicó en contra del cine, los zapatos altos, la música, los rolos, etc. Yo estaba incomodo, pues pensaba que enseñar esos dogmas había sido una etapa superada de la iglesia, pero en vez de enojarme, empecé a escribir sobre un predicador radical que criticaria todo lo que le huele a innovación y sacando textos fuera de contexto formaria doctrinas bien extrema. Comparto contigo un poco de mis amados personajes: El Varón y El Revequenda.

Buenas, me dicen: El Varón, crecí en un hogar de clase media muerta. Soy músico, toco las puertas y las palmas de las manos. Dirijo el ministerio USB: «Unión de Solteros en Búsqueda», tengo 33 años y solo he tenido una novia, se llama Dalila, pero me botó por el hijo del pastor. Todavía la espero, sé que se arrepentirá de estar con él y volverá conmigo; ya se casaron y tienen dos hijos pero sigo orando. Ella es mi tierra prometida, porque un día la pisé y dije dentro de mi: «todo lo que pise las plantas de mis pies será mío». Tal vez Dios no dejó que se case primero conmigo, porque a lo mejor, quien sabe soy estéril, entonces permitió que conozca a ese «ángel caído» para que tenga nuestros hijos, después él se morirá y ella volverá conmigo. Ufff. Esa es mi fe.

Cuando estaba saliendo con Dalila, ella era como mi media naranja (a veces medio limón), y el tiempo que estuvimos juntos yo anhelaba que sintiera por mí un «amor pentecostal», es decir que cuando me mirara le diera deseo de danzar y hablar nuevas lenguas, pero nunca se me cumplió ese sueño. Estaba tan enamorado de ella que hasta en la oración por los alimentos la presentaba. Ella siempre decía que lo nuestro fue amor a primera vista, porque si me miraba dos veces no me hubiese hecho caso, pero yo se que se enamoró por mí desde el día que le dije: «Varona, si Adán por Eva comió una manzana, por ti me comería un supermercado completo». Una danzarina me dijo que Dalila nunca me quiso, que solo me usaba como taxista o chofer de ella, pero yo no creo eso, se que su amor fue genuino, pues me dijo que le regalara mi automóvil a ella para siempre recordarme.

Tengo bastante años solitario y me he dedicado a estudiar la soltería y sus distintas etapas. Quien no se ha casado pasa por 3 etapas: soltero, comprometido y desesperado. El soltero puede ser aquel que está orando y esperando con paciencia. El comprometido es quien espera y ora con esperanza. Y el desesperado, ya no espera ni ora, toma lo que sea.

Al ser el representante de los desesperados, la semana pasada me llamó una varona diciendo: «Siempre que veo al pianista de mi iglesias siento mariposas en el estomago, ¿Eso es amor?» Le dije: No necesariamente, también puede ser gastritis» uff. Yo no sé quien se pone más sonso, si el que está enamorado o el que está desesperado, porque señores, a decir verdad los enamorados como que se idiotizan. Tú lo ves hablando por teléfono cinco horas y cuando ya casi sale el sol viene la típica conversación:

Él: Amor ya es tarde, debemos dormir.
Ella: Es cierto, cuelga tú.
—No, cuelga tú.
—No, cuelga tú.
—No, amor mío, cuelga tú.
Ella: Ok, hagamos algo, contemos hasta tres y colgamos al mismo tiempo.
Él: Bien: uno, dos y tres...

Si el tipo (que como siempre es más torpe) cuelga primero, ella lo llama y le dice: ¿oshito de peluche, me colgaste? ¡Ya tú no me quieres! Y ahí empiezan cuatro horas más de conversación.

En una ocasión mi hermanito le dijo a su enamorada: Siento que te amo. Ella le respondió: ¿Y cómo sabes que eso que sientes es amor? Y él le contestó: porque cuando pienso en ti no puedo respirar. Ella dijo: ah, eso es asma y el añadió pues: te asmo. (Uffff)

Muchos solteros eligen solo por apariencia y no por lo más esencial, yo siempre he dicho que el físico atrae pero que una mujer te diga: «Varón toma dinero para que ofrendes, eso enamora». Yo desde que me quedé soltero no me complico tanto, a cada rato compro un helado y lo dejo fuera de la nevera para saber qué se siente que algo se derrita por mí. Ufff

Una vez cuando estaba en casa de Dalila, estábamos viendo una película en la sala mientras sus padres estaban en la cocina y de repente se fue la energía eléctrica y todo quedó oscuro, Dalila me dijo al oído: «Varón, aprovéchate». Y aproveché y me llevé el televisor, uff. Ella dice que eso fue traumático pero no es así, traumático para mí fue la vez que me llamó y me dijo: «Varón, ven para mi casa que está sola», me aparecí con dos hermanas de mi iglesia y un diácono y le dije: «Dalila aprovechemos la ocasión que no hay nadie para hacer un culto de oración», pero no quiso ni abrir la puerta y pasé una vergüenza muy fea con mis amigos. Ya no quiero hablar más de ella, seguiré orando para que Dios la toque y regrese conmigo, muchos en mi condición en vez de orar por su futura pareja lo que hacen es dar lástima en las redes sociales, pero el 90% de mis medias tampoco tienen pareja y no andan llorando. Así que en vez de quejarse póngase a prepararse para que su pareja encuentre alguien listo y maduro.

Yo cada día sigo practicando para cuando ella regrese encuentre un hombre perfecto. Anoche mientras cocinaba me quemé, planchando me quemé otra vez, creo que tendré que casarme rápido porque el apóstol Pablo dijo que es mejor casarse que andarse quemando. Ufff.

A veces pienso en no casarme, pues mi padre me enseñó que hay tres libros de la Biblia que representan las etapas matrimoniales:

Los primeros 5 años de casados el matrimonio es como el libro de Cantar de los Cantares, allí todo amor, mi amado es mío y yo soy suya, mi princesa, mi rey, etc. Los próximos 5 años de matrimonio, se convierte en el libro de Lamentaciones de Jeremías... Y los siguientes 5 años, es como el libro de Apocalipsis: lloro, crujir de dientes y la gran tribulación.

Es irónico que cuando estás soltero solo ves parejas felices y cuando estás casado solo encuentras solteros felices, uff jaja, no sé por qué pasa eso.

Estuve presente la noche en la que mi abuelo, después de estar 15 días en coma, abrió sus ojos y vio junto a él a su querida esposa y con lágrimas en los ojos y pocas fuerzas en la voz le dijo:

Mi vieja querida, no sé qué tiempo estuve en coma, pero al abrir los ojos y verte estoy recordando de estos 50 años juntos que llevamos. Cómo olvidar cuando me casé contigo, a los 3 días me despidieron del trabajo y tú estabas conmigo. Me llega a la memoria la ocasión en que se quemó totalmente mi automóvil, en ese momento tú estabas conmigo. Y aquel momento en el que caí por las escaleras y me fracturé la espalda, todo ese tiempo tú estabas conmigo. También cuando caí en bancarrota, tú estabas a mi lado y ahora, luego de estar en este hospital tanto tiempo, al abrir mis ojos y verte conmigo, he caído en la conclusión de que: ¡tú si me traes mala suerte!

Consejos a los solteros:

Cásate con una testigo de Jehová, no celebran cumpleaños, día de los padres ni madres, san Valentín, navidad, día de reyes, ¡Que bendición!

No te cases por apariencia, cásate con una que cocine bueno, la belleza pasa, pero el hambre siempre estará. Y algo muy importante, cásate con una que su madre viva en otro país. Joven que me lees, que aún no te has suicidacasado, en cuanto de ti dependa, enamórate de un huérfano o huérfana, o al menos una persona que viva a dos continentes de su madre, que estés totalmente libre de suegra que te haga la vida imposible.

Nunca olvidaré el anuncio que escuché en la radio una vez: «Si tu suegra es una joya, tenemos el mejor estuche, funeraria cielos abiertos, llame ya». A partir de ahí me di cuenta que los que tienen una, están pagando algo aquí en la tierra. Con el hecho de sólo pensar que en el Edén, Adán y Eva no tuvieron, pero sí le asignaron una serpiente y no puede ser coincidencia que Suegra y Serpiente empiecen con S.

Aunque la venganza no es buena, es bueno destacar que el apóstol Pedro negó a Jesús en desquite porque el Señor le sanó la suegra. No se han puesto a pensar que en el arca de Noé Dios ordenó que entren los animales en pareja y los hijos de Noé pero nunca se ordenó entrar a las suegras. Creo que el Señor quería eliminar esa especie. Conocí el caso de una que en su agonía de muerte miró la ventana y expresó: ¡Lindo atardecer! El yerno le respondió: No se distraiga suegrita, concéntrese, mire el túnel, el túnel, el túnel. ¡Ufff!

EL REVEQUENDA

Dios te bendiga. ¿A su nombre? ¿Quién vive? Me llaman El Revequenda. En este momento tengo una palabra rhema para ti, no es una palabra cualquiera, es una que viene de lo alto, del más allá, agárrate de la mano del que te queda a tu lado y dile: «Hakuna Matata». Gracias por la oportunidad de predicar la palabra en este libro, #ayrebequendamanda, quiero contar varios testimonios con *power*, porque yo soy el predicador que más tiene unción. Recuerdo una vez que veía una novela, si sé que el televisor es la caja del diablo, pero a veces la veo para reprender los demonios que tiene. Ese día el protagonista estaba manejando un automóvil y de repente se iba a caer por un despeñadero. Cuando vi eso, me tiré al suelo, señalé la pantalla con mi índice, el dedo de la unción y dije: «SEÑOOOOOOR no permitas que el protagonista se muera, sálvale la vida al pobre hombre». Y créanme que tengo tanta unción que no se murió, porque lo estoy viendo en otra novela ahora. #OhRamboSacaLaBasuka

Por mi gran nivel de unción me he hecho muy famoso. Una vez un joven se quería lanzar de un puente. Me llamaron y dijeron: «Revequenda, alguien se quiere suicidar, le hemos hablado pero no hace caso, y como usted siempre tiene una palabra de reino, venga ministro, apóstol, querubín, venga y dígale algo». Así que fui, el joven estaba parado a la mitad de lo que divide el puente, a punto de tirarse, cuando lo vi de lejos y le grité: «Ey incircunciso, espera un momento, tengo una palabra para ti». Él con lágrimas me miró y le dije: «En sus marcas, listo y fueeeeeeeeeeeeera». Sin duda, ese fue uno de mis mayores testimonios.

Recuerdo un sueño que tuve, donde mi abuelo El Reverendo Hitler Trujillo Laden me dijo: «Revequenda, mi querido heredero, predique en contra del modernismo», y de eso voy a hablar y mas te vale que no cambies el capítulo. Ahora las iglesias están llenas de modernismo, tienen guitarra eléctrica, piano y batería, pero han sacado el pandero de los concilios, han sacado la güira y la tambora de los templos. ¡Arrepiéntanse! Pastores, darán cuenta en los cielos de eso y de poner acondicionador de aire en los templos, para enfriar a la congregación, por cuanto eres tibio y no caliente, te vomitaré de mi boca dice la palabra.

Los jóvenes se han modernizado, uno me dijo: «Revequenda, te voy a etiquetar en mi feisbul». La Biblia enseña que eso es del anticristo. Él te pondrá una etiqueta de 666 en la frente en la gran tribulación, así que cuando alguien te etiquete en feisbul, es un anticristo. Estos muchachos ahora andan con Samsung Galaxy, la palabra Galaxy viene de Galaxia y en las galaxias se alojan demonios, así que todo el que tiene esos teléfonos ya sabe de quién estás siendo poseído. #OhVivaporu, #josejosejose, arrepiéntanse todos.

Los teléfonos Blackberrys son de la bestia del anticristo, esa marca se abrevia BB que significa Bestia y por eso todo el que tiene un teléfono de esos se comporta como bestia, no habla con nadie, no come con nadie, no mira a nadie, solo está ahí como bestia en el celular. GloriaTrevi. Estos jóvenes de ahora son los más carnales, son pechugas de pollo, pura carrrrrne, tienen tenis y zapatillas: Converse, Jordan, Nike, pero

esos calzados fueron creados para correr y para huir.
Yo te quiero preguntar jen que me estás leyendo: ¿A
que le huyes? ¿A que le corres joven? La Biblia dice
en *Proverbios 28:1 : Huye el impío sin que nadie lo persiga.*
Joséjoséjosé.

Las mujeres de hoy día son las más modernas
de todos los tiempos. Mi esposa tuvo un sueño, donde
vio mujeres con rolos en el infierno y al contármelo
dije: ¡pero que rolos son estos que no se queman ni en
el mismo infierno!. Ahora mi esposa es vendedora de
esos rolos.

Ir al cine es pecado, porque la palabra enseña
que no debemos sentarnos en sillas de escarnecedores.
Sé que tú dirás: ¿Revequenda usted va a la peluquería?
Sí, pero llevo mi propia silla. Yo no me siento donde se
sientan esos incircuncisos".

Ahora han metido danzarinas a la iglesias para
entretener a la gente, en mi tiempo eso era inaceptable,
danzábamos todos y nos dábamos patadas y trompadas
pero salíamos en amor los unos a los otros. No había
pantomima, ni rap, ni rock, porque la única música
que a Dios le agrada es la ranchera, la que se hizo en
México. El origen de la palabra reggaetón viene de
reguero y mi Señor es un Dios de orden, no de reguero.
Rock viene de roca y la Biblia dice que Cristo es la
roca, así que esa música solo quiere sustituir a Cristo.

Todo lo natural es permitido, todo lo anti natural es pecado. El perfume y desodorante adulteran tu olor natural. Renuncia a eso mi hijo. Asi como la ropa cubre tu cuerpo, los vellos son el vestuario de tu piel. No te quites tus vellos o te irás al infierno. Y creeme que no quieres ir allí, yo ya he ido como cinco veces, es horrible.

El fin de todo discurso, el propósito de todo mi mensaje y la síntesis de mis sermones, es decirles que todos deben arrepentirse o se van al mismo infierno. ¡Amén!

#Vivaporu,   #Joséjoséjosé,   #OsamaBinLaden, #GloriaTrevi.!

Examen Básico
de la Biblia.
Elaborado por el Profesor Riqui Gell

Escoja la respuesta correcta

I. A la hija de Jairo Jesús le dijo en Arameo:
A. Talita cumi
B. Culiki taka
C. Colita de rana
D. Kakito sucio

II. Judas, La Samaritana y Rahab te recuerdan:
A. Al hijo del pastor, la danzarina y los músicos
B. A los políticos, sus novias y secretarías
C. A tres cantantes de pop rock
D. A la Gracia y Misericordia de Dios

III. La historia de Zaqueo nos enseña:
A. Los perfumes buenos vienen en frascos pequeños
B. Pulgarcito puede ser parte del reino
C. Zaqueo le robó la cartera a Jesús
D. Jesús vino por los pecadores

IV. Según el Apocalipsis quién era la bestia que salía de la mar:
A. La suegra
B. La suegra
C. La suegra
D. Ninguna de las bestias anteriores

V. Pedro y Pablo fueron:
A. Dos personajes de los picapiedras
B. Dos apóstoles de los tiempos de Cristo
C. Dos políticos españoles
D. Todas las anteriores

VI. Los elementos de la Cena del Señor son:
A. Pan con café
B. Pan con aguacate
C. Mangú dominicano
D. Pan y vino
E. Es La D. Pero Ojalá hubiesen sido todas las anteriores

VII. Un eunuco era:
A. Un desodorante de la nuca
B. Lugar en el campo donde se siembra
C. Hombres que no se casaban, preparados para servir en la realeza
D. La versión antigua de Ricky Martin

VIII. El rey que se casó con Ester le llamaban Asuero, por:

A. Porque se enfermaba mucho y vivía a suero

B. Porque era su nombre

C. Por Bullyng

D. Todas las anteriores

IV. En el arrebatamiento de la iglesia, ¿que pasará con los gorditos?

A. Subirán más lento

B. Tendrán una nube reforzada

C. Volaran como los demás

D. Bajarán de peso en un abrir y cerrar de ojos

X. Un levita era:

A. Uno que le evitaba casarse y trabajar

B. Una persona que levita en los aires

C. Descendiente de la tribu de Leví

D. Fabricantes de pantalones Levie

Bonus Extra

XI. Yugo desigual es:

A. Un habitante de Yugoslavia que vive de forma desigual

B. Enamorarse de un feo

C. Unirse a alguien que no ama a Dios

D. La historia de la bella y El bestia

XII. Jesús sanó la suegra de Pedro por:

A. Por castigo ya que Pedro le iba a negar

B. Para que Pedro no tuviera motivación de dejar el ministerio volviendo a su casa

C. Por amor y misericordia

VERSIÓN RIQUI GELL

«No solo de Like vivirá el hombre».

«Flaca es la que come lo que quiere y no engorda. Si estás flaca a fuerza de ensaladas, gimnasio y ejercicios...Eres una gorda en pausa».

«Calorías: Pequeñas criaturas que viven en tu armario y cosen tu ropa un poco mas ajustada cada noche».

«No estoy gordo, tengo exceso de bendiciones que llegan a mi vida y no caben en mi cuerpo».

«Soy tan buen cristiano que cuando veo en mi teléfono: llamadas perdidas, me pongo a orar por ellas».

«El estoy lista en cinco minutos de una mujer y el llego en cinco minutos de un hombre, son exactamente iguales».

LEYES DE LA IGLESIA

¿Sabes algo acerca de la famosa ley de Murphy? Si la respuesta es no, puedes googlear sobre eso, es muy cómica y relativamente veraz. Lo que continua es mi versión de las iglesias. Dime si esto no pasa.

Ley de los Invitados

1. El servicio (o la prédica) será aburrido en proporción a la cantidad de amigos que hayas invitado.

2. El día que más personas no cristianas invites, el predicador «sentirá» hablar sinceramente de los errores y defectos de la iglesia.

Principios de los Músicos

1. Después del sermón, mientras más rápido se necesiten a los músicos, más lejos y entretenidos estarán.

2. Por más que hayas ensayado con el ministerio musical, a alguno se le olvidará su parte.

3. El sonido fallará justo cuando haya alguien hablando o cantando. Nunca en los ensayos.

4. Siempre que un cantante o predicador haya llevado CDs o libros interesantes, tú no habrás ido con suficiente dinero.

Ley de las Sorpresas

1. El mejor predicador y el mejor servicio se efectuará el día que no tenías mucho ánimo de ir.

2. El día que el pastor dice: «Levanten las Biblias los que las trajeron» Justamente ese día dejaste la tuya.

Ley de las Ofrendas

1. Nada despierta tanto deseo de ir al baño como el momento de las ofrendas.
2. Siempre habrá uno que echará chicle y mentas en las ofrendas.
3. No falta aquel que en las ofrendas tira la papeleta que nadie quiso aceptar por fea.

Ley de los Ruidos

1. Por ley: Cuando tu teléfono suene más alto, será en el momento más inoportuno y estará ubicado en la cartera o en la parte del bolsillo más difícil de sacar.
2. Los celulares no suenan en medio de los cánticos, siempre en la prédica, la oración o el llamado.
3. Por decreto al lado o detrás tuyo se debe sentar el que mas habla y delante el que tiene la cabeza más grande y que no puede estar quieto.

Ley de Predicación

1. Cuando están ministrando, no te decides a que oren por ti hasta que ves que le profetizan a todos cosas específicas y cuando vas para que te profeticen, el ministro solo te dirá: «siga adelante, Dios está con usted como poderoso gigante».

2. Por ley, todo predicador debe decir: «con esto termino», mínimo tres veces o por lo menos 30 minutos antes de terminar.

3.Siempre que algo salga mal se le echará la culpa a dos sujetos: al diablo o a esto es en vivo.

4. El que en una ministración cae y no tiene nadie detrás, tiene 95% de probabilidad de no volver a caer más.

«Es fácil amar sin ser amado, lo difícil es ayunar y ver otros desayunando».

«Mi pastor quiere casarte conmigo, ¿aceptas?»

«Sí tu pareja te bota y tienes ganas de llorar, vete a la iglesia, todos pensarán que estás llorando en el espíritu»

«Que bonitos son tus ojos, tan redondos como el sol, se parecen a los ceros que me pone el profesor»

«Ya que soy eunuco, quisiera que me desnuques»

«Ahora comprendo porque Salomón tuvo 700 esposas, es que no te conoció».

A veces tengo deseo de tirarle una Biblia
bien grande a la cabeza de alguien y decirle:
«Ve que la Biblia es una espada de
doble filo que corta hasta lo mas profundo»

EL NUEVO

Con frecuencia, cuando viajo a otros países a predicar o dar conferencias, después del servicio me espera una sabrosa cena con el anfitrión y entre anécdotas y chistes no faltan aquellas historias de nuevos convertidos o nuevos creyentes, que siempre de una manera u otra provocan mucha gracia en la iglesia, por ser recientes y no tener muy claro el vocabulario congregacional y algunas costumbres de esta nueva vida.

En una ocasión a uno le pidieron que contara su testimonio de cómo llegó a la iglesia y mientras hablaba el micrófono le dio corriente y gritó fuerte: ¡er diablo! Y cuando todos lo miraron asombrados, el añadió: que el Señor lo reprenda. Cosas así han pasado mucho.

Un pastor amigo en el estado de Florida, me contó que en su iglesia, había una cruzada de milagros, cuando el predicador oró por todos les pidió que testificaran de lo que Dios los había sanado. Una mujer de más de cincuenta años, pasó al frente y dijo: «yo tenía quistes en mis senos, pero cuando el predicador dijo pongan la mano en su parte afectada, me la puse en el izquierdo y de repente sentí un fuego que empezó a quemarme el seno y me revisé y todos los quistes se fueron, miren hermanos, miren como quedó» y en ese momento se sacó uno de sus senos.

Los nuevos creyentes confunden los textos bíblicos y dicen una cosa por otra, como el que expresó que en los tiempos de Cristo habían aviones, pues a Jesús lo juzgó un tal Poncio, el piloto (Poncio Pilato). Otro muy convencido manifestó que la Biblia dice que por tonto dejará el hombre a su padre y a su madre y se unirá a su mujer (no está muy lejos de la realidad jaja, pero es por tanto), un adolescente recién llegado a la iglesia contó que David atropelló a Goliat con una motocicleta marca Honda, (tal vez porque leyó que David mató a Goliat con una honda) y nunca olvidaré aquella damita que en pleno servicio gritó con ánimo y gozo que Dios vino a dar vida y vida en ambulancia.

Según supe un niño dijo que el pez que se tragó a Jonás se llamaba Cataplúm, porque en una canción de la escuela dominical escuchó decir: «y vino un pez muy grande, cataplúm y se lo tragó» A propósito del profeta, siempre me he imaginado que la oración mas frecuente de Jonás en el vientre del pez era: «Señor, permíteme salir por donde mismo entré».

Otra cosa que suele suceder en los que no están muy familiarizado con la iglesia, es que confunden las canciones cristianas con las del «*mundo*». Hubo uno que dijo que Dios perdona nuestros pecados y se olvida de ellos, como dice la canción del salmista José José «*Ya lo pasado, pasado*».

Hay una historia que inventé para recrear lo que puede suceder en cualquier iglesia con un nuevo cristiano:

En mi iglesia hicieron un servicio especial para nuevos convertidos, para ayudarlos a desarrollarse y que perdieran el miedo al público. Me dieron una oportunidad para cantar pero yo no sabía cuál elegir, ya que era nuevo en la iglesia. Mi pastora sugirió que cantara una canción que hablara de pedir perdón al Señor y restauración. Ella pensaba en el tema «Tu mirada» de Abraham Velásquez, pero no recordaba el nombre, un líder me dijo que cantara «Renuévame» de Marcos Witt, pero tampoco supo expresarse, así que con mi mano derecha levantada al cielo canté una alabanza que decía:

Si te he fallado te pido perdón de la única forma que se, abriendo las puertas de mi corazón para cuando decidas volver, es que nunca hubo nadie que pudo llenar el vacío que dejaste en mi, has cambiado mi vida y me has hecho crecer y es que no soy el mismo de ayer. Un día es un siglo sin ti. Aleluya. Y añadí: La Biblia dice en Salmos 84: 10 Mejor es un día en tus atrios que mil fuera de ellos... Un día es un siglo sin ti.

Hoy en día veo que todo el mundo quiere ser pastor. Claro, ahora no es tan estresante como antes, pues la labor pastoral está mejor distribuida, y en estos tiempos debido a los talleres, congresos, conferencias y libros sobre liderazgo se trabaja más en equipo.

Antes había un pastor y era un pulpo; hacía de todo. Ahora hay 1 pastor principal, 10 asociados, 1 de jóvenes, 1 de hombres, 1 de mujeres, 1 de música, 1 de niños, 1 pastor de parqueos, 1 de los hermanos problemáticos, 1 comité de psicólogos, 2 tesoreros, 3 secretarios, 29 ujieres, 83 escuderos y así sucesivamente. Pero cuando niño, yo era «El hijo de pastor», no de un pastor.

Mi papá era de los pastores que trabajaban solos y hacían prácticamente todo. Era pastor, psicólogo, chofer de la iglesia, consejero, reprende demonios, predicador, ujier, niñero, seguridad, etc. Por lo tanto, ser hijo de pastor no era para nada fácil.

Sólo nosotros sabemos lo que se siente dormir en un banco (o silla) de la iglesia después del servicio, porque tus padres llevan tres horas aconsejando a una pareja de esposos que están pensando en separarse por décima vez en el mes. Ese día, probablemente no habías almorzado a tiempo, ya que tus patriarcas a la hora de almuerzo orientaban a doña Rosa, una señora que se siente depresiva porque su nietecito (Daniel el travieso) es un mal criado y le dijo que quiere ser cantante de rock. Ella interpretó eso como una señal de que el niño está endemoniado y lo trajo a la casa pastoral para que el ministro le saque «los demonios de rock and roll» y de paso el demonio de «Goku» y de los «Power Ranges»

Todo hp tuvo que lidiar con mucha frecuencia con odiosos comentarios como «los pastores son ladrones», sabiendo que muchas veces no tenía zapatos y tus padres pensaban en los pies de otros niños de la iglesia, e incluso, en ocasiones no tuviste un video juego, porque todo el dinero que entraba a casa se iba al ministerio primero y luego a la familia. Si tus padres vestían bien la gente decía: «mira donde va el dinero de la iglesia». Si vestían mal, entonces los comentarios eran: «qué será lo que hace el pastor con el dinero que le dan». No importa si es profesional, tiene otros trabajos o heredó una fortuna, si es próspero, es porque se «roba las ofrendas».

No he llegado a hablar de lo peor de ser hijo de pastor, ni te imaginas, lo más triste de esto debe ser que tu papá alardea públicamente de que si ven a sus hijos haciendo algo malo, tienen la libertad de corregirlos.

En el tema de la ropa también tenemos frustraciones, a los hp nos vestían como si fuésemos pastores en miniaturas, con una corbatica roja, un pantaloncito de tela fina color naranja, una chaqueta gris (por eso a veces nos decían el pastorcito, grrrrr), esta ropa en combinación con tus 4 hermanitos, parecíamos una agrupación de merengue de los 80. (Por eso los padres serán juzgados en el día del juicio). Además de todo el sufrimiento que acarrea ser HP, también tenemos mala fama, de ahí la frase despectiva: «tenía que ser el hijo del pastor» Y te preguntarás: ¿Era todo malo? Pues no, también hay que añadir que teníamos los cachetes morados, porque una querida viejita solo sabía agarrártelos para saludarte y de paso despeinarte (sin saber el trabajo que le da a uno arreglarse el cabello).

Las hp tienen sus dificultades a la hora de enamorarse. Mi hermanita tenia un montón de pretendientes pero pocos se atrevían a hablar con el pastor por miedo a una disciplina o represión y el que osaba en acercarse entonces era un sonso, que llegó tarde a la repartición de cerebros.

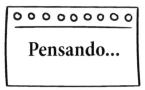

Pensando...

Pese a algunas cosas difíciles que mencioné, el privilegio que se obtiene por ser hijo del ministro es inmenso, uno se hace músico, líder o maestro de escuela dominical casi obligado y luego termina gustándole. El hijo del pastor usualmente tiene muy buena alta estima, pues sabe que a su padre lo aprecia mucha gente y al conocer personas que fueron hijos de borrachones o de padres de mala reputación, entonces uno agradece a Dios que al menos tus problemas fueron con doña Filomena y don Pedro y no con la justicia o la policía.

En el fondo, muy en el fondo, casi con submarino y buzos, sabes que el llamado pastoral es precioso, pues conoces los testimonios de las familias restauradas, las vidas sanadas, los hombres y mujeres rescatados de las drogas, alcohol y del pecado, saber que tus padres son parte de ese trabajo, te hace ser agradecido por haber nacido en un hogar pastoral. Pero eso es muy en el fooondooooo.

Me gritó: «sal de mi vida» y le dije: «pimienta de mi corazón,» y no sé porque se enojó.

«He leído el libro de Números y aún no tengo el tuyo».

«Ojalá se repita el diluvio y me toque estar a tu lado».

«Tú y yo, enseñando a nuestros hijos la oración del Padre nuestro, no se piénsalo».

«Enamórate de alguien con futuro, que pasado tiene todo el mundo».

«Quién te ama, te deja dormir. Amen»

«El Señor reprenda esos hombres que dicen que no son como los demás y terminan siendo peor».

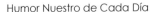

Si amas a alguien déjale libre,
si regresa a ti, es que nadie mas le quiso.

EL MANUAL DEL PASAJERO

«Todos al nacer ya saben llorar,
necesitamos aprender a reír».
Anónimo

Me tomó algunos años de ahorro y trabajo comprar mí primer vehículo, mientras tanto dependía del transporte público y de vez en cuando de que algún vecino o conocido tuviera misericordia.

A mis 18 años empecé a trabajar en una institución bancaria, el primer año prácticamente no tuve que pagar ni un peso de transporte, porque una vecina iba en la misma ruta a su oficina. Pero me he dado cuenta que muchas personas no han tenido la misma dicha, esto es porque ignoran algunos principios que debe conocer todo pasajero. Y como no había nada escrito, aquí se los traigo para orientación de los que quieren que le sigan dando como dicen en mi pais bolas (o en otros pom, rait, aventón, etc.).

1ro. Todo pasajero debe entender que como gratitud, no tiene que ponerle conversación al chofer, basta con secundar lo que diga.

2do. El pasajero no puede sugerir emisoras. Si eres cristiano y el conductor está escuchando a «radio mundana» es hora de «escudriñarlo todo y retener lo bueno» (de paso así te enteras cómo anda el mundo).

3ro. El pasajero secundará al conductor en todo lo que diga sobre política, deporte y religión; mientras esté en su vehículo, su partido político será el suyo y su religión también. (¿Recuerdas lo que le dijo Rut a Noemí?).

4to. Si el automóvil se estropea, el pasajero debe quedarse al menos 3 minutos «aparentando preocupación» digo «dándole apoyo moral».

5to. El pasajero nunca se dormirá en el acto mismo, ni siquiera cuando el viaje es largo. Recuerde que el sueño se contagia.

6to. Si quien guía comete imprudencias, la culpa siempre las tendrán los otros conductores, el pasajero está para apoyar en toda circunstancia, no para dar clases de manejo.

7mo. El pasajero nunca tendrá calor en ausencia del acondicionador de aire y nunca tendrá frío en presencia de éste. Todo pasajero que se respete se adapta a cualquier ambiente.

Si te llevas de estos principios: nunca te faltará transporte, los chóferes estarán feliz de montarte, no te subirán los vidrios, no acelerarán cuando te vean en la calle. Tendrás aventón en el campo y en la ciudad. Si sigues al pie de las letras cada párrafo, es muy probable que ganes el estatus de «Pasajero VIP» esos que el dueño del vehículo los van a buscar a su propia casa y hasta se desvían de su ruta original para llevarlos a su destino. ¡Amén!

Sí tienes automóvil y puedes ayudar a alguien que no tiene, haz lo que esté a tu alcance, recuerda lo que dijo El Maestro: «Así que, todas las cosas que queráis que los hombres hagan con vosotros, así también haced vosotros con ellos».... Mateo 7:12

Examen Básico de la Biblia
Elaborado por el Profesor Riqui Gell

I. El mar que atravesó el pueblo de Israel al salir de Egipto fue El
A. Mar de amores
B. Mar Rojo
C. Mar Caribe
D. Mar de orina

II. Debemos orar por los alimentos por:
A. Para reprender las calorías
B. Por si son mortíferos no nos hagan daño
C. Por gratitud
D. Para dar oportunidad al hermano menor de que robe algo del plato

III. El cielo y la tierra pasarán pero...
A. Chabelo no pasará
B. La palabra de Dios no pasará
C. Los Converse no pasarán
D. Todas las anteriores

IV. ¿Cuál de esta no fue una plaga enviada a Egipto?
A. Los mosquitos
B. Los piojos

C. El dembow y regueton
D. Las ranas

V. El Maná era:
A. Un alimento para Israel
B. Una banda de rock
C. Frase corta que indica que no hay más nada

VI. Abdías, Sofonías y Óseas son:
A. Integrantes de la banda Los Jonas Brother
B. Libros de profetas del AT
C. Creador de Facebook, YouTube y Whatsap

VIII Las epístolas eran:
A. Las esposas de los apóstoles
B. Las armas de los apóstoles
C. Las cartas integradas al NT

VIII. Reina Valera es?
A. Una pareja de reyes de España
B. Dueños de la Sociedad Bíblica
C. La primera señora que leyó la Biblia en español
D. Apellidos de dos antiguos traductores bíblicos

IV Jesus predicaba en parábolas por:
A. Para que todos lo vieran por TV
B. Para que solo los entendidos, entiendan
C. Porque si
D. Porque no había telecable

X. Las últimas palabra de Jesús antes de ascender al cielo fueron:

A. Hasta la vista baby

B. Me voy pero no los dejo, vivan del pobre y del más pende...

C. Me seréis testigo en Jerusalén, en Judea y hasta lo último de la tierra

D. Sayonara

Bonus Extras

XI. Epafrodito es:

A. Una persona que nace con los dos genitales

B. Como los venezolanos dicen: Epa Alfredito

C. Un hijo espiritual del apóstol Pablo

XII. Cuando Jesús vio mercadeo en el atrio del templo dijo, enojado dijo:

A. Kame, Kame, Haaaaa

B. Por el poder de grayskull

C. Han convertido mi casa en cueva de ladrones

D. Tienen verifone?

LOS PENTECOSTALES

«El cristiano casi perfecto sería aquel que tiene pies de testigos de Jehová, corazón del pentecostal, boca adventista, mente bautista y bolsillos de mormón».

Nací y crecí en una iglesia evangélica pentecostal, pero no cualquiera, una pentecostal de verdad. Por tema de localización geográfica y social, nuestra congregación estaba compuesta por gente que en su mayoría no pudo alcanzar un grado universitario y eran de muy escasos recursos. Muchos venían del campo, otros de los barrios. Ese detalle la hacia más especial.

Había de todo tipo de personas, diferentes estatus y variada educación, pero algo tenían casi todos en común: la pasión y la entrega en que amaban y servían a Dios. Podían estar de lunes a domingo en la iglesia, dejar de comer y preparar comidas para actividades pro fondo, venir con 3, 4 o 9 niños al servicio. Un domingo al mes la reunión era de 9 de la mañana a 5 de la tarde y la gente iba con gozo. A veces caminando de muy lejos, bajo lluvia, tormenta, etc. Sin duda alguna, hay pasión por el evangelio en las iglesias pentecostales. Pero al ser una población tan pintoresca, debo reconocer que también hay mucho humor allí. La manera en la que adoran a Dios, la ingenuidad, la inocencia, ignorancia y a veces la emoción, hace que uno nunca deje de sorprenderse. A mis 16 años andaba predicando por otras iglesias pentecostales y a los 21 ya estaba en otros países. Así que me di cuenta que hay cosas que las encuentras en todas las iglesias pentecostales del mundo.

Lo primero que notarás es un señor mayor (o una señora) que se duerme todas las noches en pleno sermón. Pero no es como esos sabios que se duermen disimuladamente y de repente despiertan y dicen: «en el nombre de Jesús, amén». No, no y no. El viejo dormilón pentecostal, todo el mundo se entera que está profundamente rendido, ronca, mueve la cabeza hacia los lados y tiene los ojos a media asta.

Alguien me contó que un señor se había dormido en medio del sermón y de repente se dañó la energía eléctrica y cuando despertó vio todo oscuro gritó: «ay oren por mí, que por dormirme en la iglesia me quedé ciego».

Algo común entre nuestras iglesias era que cada familia tenía muchos niños. El texto de Génesis que dice llenad la tierra y reproducirse, es tomado muy en serio. Así que siempre verás muchos chiquillos, que tienen una energía explosiva. En muchas de estas iglesias no hay servicio paralelo para los niños, o algún cuarto con tv y juegos (como pasa en otras iglesias de mayores recursos) los chiquitos se la pasan saltando y gritando.

En el liderazgo, hay casos muy típicos, por ejemplo, dentro de los diáconos (o ancianos) hay uno que es simpático y otro con complejo de detective privado. El detective le gustas dar *like* en publicacioones raras de los hermanitos de la iglesia, no como aprobación, sino diciendole: «te estoy vigilando»

Una iglesia no es pentecostal si no tiene un cantante desafinado. Su voz es 3D: Desafinada, Desentonada y Desencantada. Si fueran justo, le pusieran a cantar solo en los retiros de liberación, porque hasta el diablo se iría con su voz.

No falta la persona que siempre está endemoniada o la viven atacando seres. Le han reprendido el demonio, lo libera, lo vuelve a atar, le echan aceite, agua, fuego, ácido muriático, se libera, y vuelve a atarlo. El demonio parece que tiene un contrato con la persona, se va de vacaciones y regresa.

En la ministración suelen ponerse personas detrás de los hermanos por los que el predicador va a orar, por si este cae agarrarlo y no se hiera. Pues en mi iglesia había un tremendo gordito que nadie se le quería poner detrás...(ya usted se imaginará porque). No puede faltar el creyente sensible, que tiene 5 años yéndose de la iglesia y no se va. Todo le molesta, por todo se ofende, todo es por él, vive anunciando que se va. (Esos suelen aparecer en otras iglesias pero allí no les hacen mucho caso o los envían al psicólogo). Y también está aquel que se descarría en diciembre y se reconcilia en febrero, todo vuelto un disparate. Y eso lo hace cada año.

Por último, nosotros los predicadores de raíces pentecostales nos distinguimos de todos los demás, 1ro: porque somos gritones. 2do: hablamos rápido y sin pausa, 3ro: mandamos a pedir muchos aplausos, 4to: siempre tenemos un testimonio que contar, 5to: mencionamos más al diablo que a Dios y 6to: decimos frases como: «alábale ahora», «dile al que está a tu lado», «cuanto están aquí», «a su nombre», «quien vive», etc.

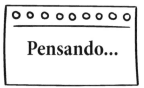

Pensando...

Aunque hay muchas cosas que se pueden mejorar en este histórico movimiento, debemos destacar que el trabajo evangelístico en las misiones, prostíbulos, cárceles y hospitales lo realizan en gran porcentaje esas iglesias. Tal vez carecen de profesionales o personas culturalmente avanzadas, pero están llenas de gente amorosa. También muchas denominaciones «más ordenadas y mejor organizadas» no se atreven a levantar iglesias en barrios pobres o lugares peligrosos, pero ahí sí hay pentecostales.

¿Son iglesias perfectas? No. ¿Tienen muchos aspectos que pueden mejorar? Sí. Pero después de viajar a diferentes países predicando y conocer tantas iglesias y concilios distintos, supe la radical verdad que iglesia perfecta no existe. Imagínate que Jesús pastoreaba 12 personas y entre ellos tenía dos divisores (Jacobo y Juan), un machetero (Pedro), un Zelote (que es como un guerrillero) un llorón (Juan), un incrédulo (Tomas) y un Ladrón (Judas) y si esos eran los miembros de Jesús, ¿qué espera usted de los de su iglesia?

Ame su congregación, aporte, crezca, sea buen creyente, ponga sus ojos en Jesús y disfrute las cosas que la hacen diferente.

Alguien comparó la iglesia con el arca de Noé diciendo que de no haber sido porque el mundo se estaba destruyendo afuera, los animales no hubiesen podido soportarse adentro.

«En el pasado tu eras lo que tenias, ahora eres lo que compartes».
-Godfried Bogaard

Pertenezco a dos generaciones muy distintas, desde que nací hasta mis trece años era de la generación desconectada, la que creció sin teléfono, computadora, Internet, y hasta sin cable. La palabra GPS no existía, las computadoras eran cosas de películas y Apple y Blackberry solo eran nombres de frutas. Hoy un niño de 3 años sabe desbloquear un teléfono, hacer llamadas y enviar textos. Yo a esa edad comía arena. Sin embargo, cuando entré en la adolescencia ya la modernidad había penetrado en casi todas las clases sociales.

Definitivamente la tecnología nos cambió. Años atrás cuando llegábamos a un lugar, lo primero que hacíamos era saludar. Ahora, lo primero que hacemos es preguntar la contraseña del wifi. He visto personas buscando señal hasta en funerarias. Al comer, orábamos por la comida. Ya es diferente, le tomamos una foto, la subimos a Instagram y dependiendo de los *likes*, comemos. Hemos llegado a tal extremo que ya ni podemos ir al baño sin el teléfono. Yo entré en estos días sin el mío, y tuve que ponerme a leer las etiquetas de los champús.

Me he detenido a estudiar los tipos de personas que encontramos en las redes sociales. Están los tristes, esos que todo lo que sucede es para mal, citan frases de muerte, canciones deprimentes. Leer sus estados es para agonizar. Tu publica algo malo ellos le dan me gusta. Cosa que no entiendo. Otro tipo común es el de los románticos, esos que inundar la red con su intimidad, compartiendo piropos, fotos con su pareja y canciones. Lo peor es que muchos de ellos tienen la desdicha de terminar la relación y con la misma intensidad en que expresaban el amor, ahora publican indirectas. Hasta que se reconcilian o consiguen otra pareja y vuelven a lo mismo. Hubo una chica que recientemente publicó: «Mi grave error fue poner mi corazón en plato de cristal a alguien que solo sabe comer en plato desechable».

En las redes sociales no puede faltar el desacatado, ese que le gusta subir fotos con bebidas alcohólicas o fumando, chistes subidos de tono. Pero al otro extremo está el religioso fanático, sólo pone extensos textos bíblicos, prédicas y oraciones, muchos de ellos se consideran los «caza apóstatas» y viven publicando videos editados y críticas a predicadores y cantantes famosos o a cualquier tipo de doctrina que ellos no toleren.

En estos lugares también están los que nunca dicen nada, solo ponen: jajaja, lol (frase en inglés que significa muerto de risa). Pero no sé si estos son peores que los apologetas que les gusta armar debates, contradecir a los demás y escribir textos largos y aburridos que nadie lee.

Hay un mercadólogo, es ese usuario que persistentemente vende algo o promueve una marca, empresa, pirámide o negocio. Vive enviando invitaciones de cosas que todos terminan ignorando. Nunca te escribe ni comenta nada, excepto para venderte su producto.

No falta un grupo que inicialmente es tierno pero con el tiempo cansa, son los padres o abuelos orgullosos de sus criaturas. Ponen frases como: buelito con su nietecito, bilita con su regalito. Suelen subir fotos de los niños durmiendo, comiendo, riendo, llorando, evacuando, etc. Les gusta comentar tus publicaciones diciendo: hola sobrino, salúdame a tu mamá. Esas madres le dan like a todo, aun sin entender lo que dice.

Son muchos los tipos de personalidades en las redes pero quiero terminar con los cobardes, esos que viven tirando indirectas, que a menudo estas son como las granadas, lanzas una para uno y termina afectando a muchos. Alguien dijo: «gracias a Dios que yo no soy como muchos que andan tirando indirectas aquí»...

Los diez mandamientos del Facebook

1. No tendrás estados diferentes cada una hora
2. No etiquetarás con imágenes a tus hermanos, sobre todo si no salen en ellas
3. No le darás "like" a tus propios estados.
4. Te acordarás de un día de reposo para descansar del Facebook.
5. Honra a tu padre y a tu madre, con tus estados y fotos.
6. No matarás a los famosos.
7. No cometerás adulterio fotográfico (Photoshop).
8. No robarás los estados de tu hermano.
9. No publicarás falso testimonio contra la gente.
10. No codiciarás los amigos de tu prójimo, los estados ni sus fotos.

La oración del
Facebook nuestro

Facebook nuestro que estás en los teléfonos, santificado sea tu estado. Vengan a nosotros tus imágenes. Hágase mi Foto de perfil, como si estuviera en el cielo, así también en la tierra. El etiquetado nuestro de cada día, dánoslo hoy. Y perdónanos nuestras indirectas, como también nosotros perdonamos a quienes nos tiran. Y no nos metas en más juegos, mas líbranos de los que mandan mensajes en cadena; porque tuyo es el ocio, la vagancia, y el insomnio, por todos los siglos. Amén. Mateo 6:10 RGV

Pensando...

El Internet puede ser un instrumento de bendición, de hacer amigos, expandir tu negocio, profesión o ministerio, de estar informado, conocer culturas y educarte más. También puede ser un arma de destrucción masiva. Todo dependerá quién y como la use.

Es importante que sepamos que nada de lo que se sube allí es privado, todo se convierte en material para los 7 mil millones de habitantes del mundo. Debemos tener pendiente que muchas empresas a la hora de reclutar su personal revisan las redes sociales, pero de igual forma que hay cientos de pedófilos, secuestradores y delincuentes viendo tus fotos, de tus hijos, lugares donde vas, exhibición de tus bienes, etc.

Lo más significativo es que tengamos en cuenta que estar conectados no nos desconecte de nuestros seres amados que están a nuestro lado, al iniciar una cena familiar hoy día son más los que están tomando fotos a la comida que los que están orando por ella. Evitemos que suceda la triste oración que dice: «La tecnología nos unen con los que están lejos y nos separa de los que están cerca». .

VERSIÓN RIQUI GELL

«*Estoy como Dios me trajo al mundo, sin un centavo*».

«*Al que a buen árbol se arrima, viene un perro y se le orina*»

«*Mas el justo por el café vivirá. Romanos 1:17 RGV*»

«*No soporto ver mi aposento sucio. Apagaré la luz*».

«*Si tu ex te dice: Nunca encontrarás alguien como yo; respóndele: ¡Aleluya!*»

«*Hay algunos que negaron tantas veces al Señor, que ya el gallo se volvió compositor*».

«*Si una mujer te dice: en cinco minutos estoy lista, siéntate y ponte a leer Salmos 119*»

«*Descubrieron agua en Marte. Hasta que no descubran café, no nos vamos*»

—Pastor, no entiendo porque aun no consigo pareja
—¿Haz pensando rasurarte el bigote?
—No, pastor
—No seria mala idea Carolina.

MENTIRAS FAMOSAS

El pastor tomó el micrófono para predicar y dijo:
Queridos hermanos, hoy voy a predicar sobre la
mentira,¿Cuántos han leído Marcos 21?
Améééén, —dijeron todos—
A eso me refiero, Marcos sólo llega hasta el 16.
¡Mentirosos!

Los cristianos sabemos que no debemos mentir, pero a veces de manera inconsciente (en ocasiones no tanto) decimos cosas que no son ciertas, como cuando dicen: «Vamos a tener una reunión de cinco minutos» ¿ajá? Solo cinco, esas reuniones son de horas. Si la comparamos con la mundialmente conocida: «Ya estoy llegando» dicha muchas veces desde la ducha, y con la afamada mentira expresada por jóvenes solteros: «nosotros no somos nada, solo somos amigos», que generalmente viene por una pareja que ya tiene varios meses dándose besitos.

El Internet nos ha puesto a mentir a todos, tanto a los menores de edad que tienen que asegurar que son mayores para tener acceso a algunas redes sociales, como los mayores cuando la Website o aplicación les pregunta: ¿Acepta que leyó todos los términos del contrato? Sabes que no has leído ni «el acepta» y le dices que sí. Deberíamos ir a confesarnos después de eso.

Para terminar, considero que el origen de decir mentiras viene por nuestras madres. Todos vivimos la situación en la que después de hacer algo malo, su madre con la correa o chancleta en las manos decía: «ven, que no te voy a pegar». Esa junto a las: «si te tragas ese chicle se te quedará pegado en el estomago», «Si sigues haciendo muecas te quedaras así» y «Eres el bebé mas lindo del mundo».

<u>Dos falsedades que decimos los predicadores:</u>

1. «Les envía saludo mi esposa y mis hijos». Conocí un caso de un amigo que la esposa recién había dado a luz su primer hijo y el nos dijo que envió saludos el hijo y la esposa.
2. «Ya estoy terminando», «con esto termino», «denme cinco minutos más».

Para concluir este capitulo meditemos en una pregunta que provoca mentir: ¿Qué te pasa? Ante esta interrogante, por lo general respondemos «Nada, estoy bien». Aunque se haya quemado la casa hace 2 minutos, la policía te esté buscando y te acusan de dejar la estufa encendida. Lloras desconsoladamente y alguien te pregunta: ¿Qué sucede? Y respondes: «Nada, estoy bien».

Y por último, ¿los pastores se escapan de mentir inconscientemente? Ya quisiera decir que no pero sí. A ver, aquí tres comunes:

1. Esta iglesia está llena de amor (aunque tenga cuatro semanas predicando la necesidad de perdonar).

2. No me lo dijo nadie hermana, ahora dígame si fue verdad lo que dicen que hizo.

3. No quiero un templo lleno de gente.

Y para terminar, hay una mentira de la que la mayoría no se escapa, decimos: «lo primero que hago al levantarme es agradecer a Dios por el nuevo día» jajajaja lo primero que haces es lavarte los dientes, quejarte porque es lunes, pelear con el despertador si no sonó y pelear con el despertador si sonó.

Pd: sí, ya sé que se dio cuenta que escribí que terminaría hace rato, ya se lo dije, son mentiras comunes.

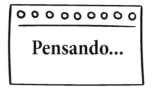

El gran problema de la mentira.

El principal inconveniente de la mentira, además de que ofende a nuestro Creador, es que por lo general una «pequeña mentira» necesitará muchas grandes para mantenerse oculta, es decir, una mentira traerá otra. La otra dificultad es que para mentir hay que tener muy buena memoria y estar pendiente a todo lo que se dijo, sin embargo, cuando usamos la sinceridad no tenemos esa preocupación.

La Biblia nos muestra casos donde la mentira fue una herencia de familia, y cada padre pagó con sus hijos haber mentido a sus padres. Pues la mentira engendra mentira. Abraham mintió diciendo que Sara era su hermana y no su esposa, luego su hijo Isaac miente de la misma forma con su esposa Rebeca, décadas después el hijo menor de Isaac: Jacob, en coordinación de su madre Rebeca le mienten al papá, y posteriormente los hijos de Jacob le mienten sobre la muerte de su pequeño amado José. Y así sigue la cadena, si tus hijos te ven mintiendo, hay muchas posibilidades de que salgan mentirosos, peor aun que te mientan y no confíen en ti.

Poco a poco debemos deshacernos de las mentiras culturales, de las tradicionales, de esas que estamos conscientes. Ser sincero sin importar el precio, pues de nada nos sirve quedar bien con las criaturas y mal con nuestro creador.

Éxodo 23: 7: De palabra de mentira te alejarás.

Proverbios 19: 5 El testigo falso no quedará sin castigo, Y el que habla mentiras no escapará.

---

*Hay personas capaces de verte
caminar sobre las aguas y decir que lo haces
porque no sabes nadar.*

«Los aeropuertos ven abrazos y besos
mas sinceros que en muchas bodas».
Anónimo

Los aeropuertos despiertan mi lado más creativo, no porque estos tengan algo especial, sino porque mi trabajo y ministerio me obligan a esperar incontables horas allí y esos lapsos hay que aprovecharlos. Nunca he entendido si los aeropuertos son tan seguros ¿Por qué le dicen Terminal?.

En una ocasión a una joven rubia se le acercó un empleado de la aerolínea y le dijo: señorita, lamento decirle que su vuelo viene demorado, a lo que inmediatamente ella respondió: ¡ay no se preocupe, ese es mi color favorito!. Un empleado de un aeropuerto me contó que los clientes así son el pan nuestro de cada día, que hace poco una persona llamó y sucedió este dialogo:

—¿Me podría decir cuánto tiempo se toma el vuelo de San Juan a Orlando?
—Claro, un minuto...
—Ah, muchas gracias, bye.

Según un amigo, en un terminal habían cuatro hombres de diferentes ciudades de los Estados Unidos, de repente uno se recoge el pantalón y le enseñó a los demás un tatuaje que tiene en la pierna que decia: New York City. Otro de ellos sin pensarlo dos veces les mostró el tatuaje en su brazo derecho con la frase Atlanta City y uno que estaba en el grupo, se bajó los pantalones y señalando una parte le dijo: Apendiciti.

En el inmenso aeropuerto de Miami, a minutos para verme con el oficial de migración y responder a las típicas preguntas, la fila se hacía larga y como no podía usar mi teléfono, se me ocurrió ser creativo con las respuestas que debía dar al oficial. Por ejemplo:

-Señor Gell, ¿usted tiene algo que declarar?
-Sí, declaro que la gloria de Dios se hará manifiesta en este viaje, también declaro que habrán milagros, amén.

- Sr. Gell, ¿a qué se dedica usted?
-Soy traficante de almas, mi organización las roba a los infiernos y las devuelve a su dueño original.

-¿Cuál es su lugar de origen?
-El reino de los cielos

-¿Cuales países usted ha viajado antes?
-En visión yo fui a toda Europa y Asia.

-¿Viaja solo?
-No. Salmos 37 dice que el ángel de Jehová acampa alrededor mío.

-¿Usted está armado?
Sí, tengo una pistola, calibre Reina Valera, con 66 balas, dispuesto a disparar ahora mismo.

-¿Algo más que decir?
-Sí señor oficial, que escribí un libro que está ¡bomba!

Luego de meditar bien cada respuesta, escuché la voz de mi padre dentro de mi cabeza diciendo: «si sales con esas respuestas te meterán preso y perderás tu vuelo».... Así que desistí de la creatividad y me limité a lo que debía responder.

Aun el necio, cuando calla, es contado por sabio.
Proverbios 17:2

Se cae una danzarina: te ries
Se cae tu hermanito: te ries
Se cae el internet: lloras

LA POBREZA

«El dinero no da felicidad, pero prefiero llorar en un Mercedes Benz». Anónimo.

Vengo de una familia de escasos recursos económicos. Los días de lluvias eran inolvidable, primero por el sonido hermoso del agua sobre el zinc y segundo, porque teníamos que colocar cantaros en el piso en el mismo lado donde estaban los huecos del techo, para que no se inundara todo adentro. Un pequeño descuido y teníamos cama de agua, literalmente.

El televisor nuestro era a blanco y negro, cuando ya estaban de moda los de color, no tenía control remoto, bueno, si tenía, solo que yo era el control y mi hermano era la antena. A veces bromeo diciendo que en casa las únicas veces que se comía carne era cuando nos mordíamos la lengua. Que los fines de semana comíamos a la carta, o sea, jugábamos y quien sacaba la mayor carta, podía comer. Yo aprendí a comer huevos con cuchillo y tenedor. Con el tenedor me lo comía y con el cuchillo me defendia para que nadie me lo intentara robar. La nevera de casa estaba siempre llena, de calcomanía.Teníamos un perro tan flaco, que un día entró un ladrón a casa y le dijimos: ¡Perro ataque! Y el perro se tiró al suelo con un ataque.

La realidad es que ser pobre económicamente no era del todo malo. Teníamos poco pero nos teníamos a nosotros. La creatividad que se gana cuando no hay mucho, es enorme. El no tener video juegos, computadora, buen televisor, juguetes modernos, te obligaba jugar con tu imaginación.

Lo sorprendente de todo esto, es que nunca vi a mis padres quejarse de la escasez. Agradecían por lo que tenían, oraban y trabajaban por lo que faltaba. Un día, viendo tantas personas cristianas quejarse en sus redes sociales de la situación, me surgió el siguiente articulo.

MEDIDAS CONTRA
LA ESCASEZ

En el momento en que escribo este capítulo, en mi país se aprueba un gran aumento de impuestos, supuestamente para cubrir el déficit económico que tiene el gobierno. Lo lamentable es que la crisis aumenta cada vez más a nivel mundial pero no te preocupes, en este libro no solo encontrarás humor, sino buenas medidas para no sucumbir en la escasez financiera que nos azota. Aquí pondré las precauciones que he decidido tomar para prosperar:

1ro. Aprovecharé la naturaleza: Cuando llueva, lavaré mi automóvil al aire libre, con un jabón en mis manos, para al mismo tiempo bañarme y lavar mi ropa. Abriré la boca mirando al cielo y así me ahorro beber agua.

2do. Pondré precios para predicar: 100 por cada gente que se caiga, 150 por cada convertido, 300 por cada milagro, 500 por algún hijo de pastor o músico que pase al frente a reconciliarse.

3ro. No subiré a nadie gratis a mi automóvil, todo el mundo debe pagar una cuota mínima de 50 pesos, si estoy en su ruta, 100 si me salgo.

4to. Cobraré en mis redes sociales: Por cada chiste o articulo de humor que ponga en Facebook y la gente se ría, tendrá que pagar 10 pesos por cabeza (los cabezones pagarían 50).

5to. Me convertiré en vendedor de productos piramidales, de belleza, medicina natural, revistas cristianas y pare de sufrir.

6to. No llamaré a nadie. Todo el que me bipee (timbree) al celular, será bipeado (timbrado).

7mo. Cobraré entrada en mi Cumpleaños: 500 pesos por persona, pueden llevar niños, a 250 cada uno y 800 a los chismosos y no quiero regalos, quiero E.F.E.C.T.I.V.O.

8vo. Haré un intercambio con alguna tienda y cuando vaya a dar conferencia diré: La corbata que traigo puesta es de.... Igual con alguna librería cristiana: La Biblia que leeré la conseguí en Librería Fulana.

9no. **Dictaré un conferencia** titulada: «Hágase rico en un dia, con el mas minimo esfuerzo», cobraré 50 mil pesos por entrada, seguro irá mucha gente, nadie se hará rico, pero yo sí, sin mucho esfuerzo.

10mo. **Voy a vender hot-dog** económico, consiste en un pan de hot-dog normal pero con un guineo maduro (banana) adentro.

11vo. **Usaré decoración oriental** en mi casa: venderé los muebles, las sillas y la mesa, compraré una alfombra y que todo el mundo se siente en el piso, como los chinos.

12vo. **Para la cena de navidad**, imprimiré fotos del Pavo, del Cerdo, de las frutas, etc. Cuando me pregunten: ¿dónde está el pavo, el cerdo y las frutas? Pondré las fotos en la mesa y diré: aquí iban.

De modo que si alguno está en crisis, nueva criatura es, las comodidades viejas pasaron, he aquí cero ropa nueva.
2 Corintios 5:17 VRG

Pensando...

Para andar quejándome y llorando en las redes sociales como algunos, prefiero reírme de esta crisis. La escasez es una gran oportunidad para desarrollar en nosotros la creatividad y buscar otras maneras de conseguir dinero. Muchos talentos y dones están enterrados y son motivados a salir cuando estamos en profunda dificultad.

Cuando no hay dinero en el bolsillo, es el mejor momento de demostrar lo que tantos años hemos predicado: El banco del cielo nunca quiebra, mi economía está puesta en las manos de Dios, no he visto justo desamparado, ni su simiente que mendigue pan.

Aunque la higuera no florezca, ni en las vides haya frutos, aunque falte el producto del olivo, y los labrados no den mantenimiento, y las ovejas sean quitadas de la majada, y no haya vacas en los corrales; Con todo, yo me alegraré en Jehová, y me gozaré en el Dios de mi salvación.
Habacuc 3:17

**VERSIÓN
RIQUI GELL**

«Amarás al Señor tu Dios con todo tu Facebook, con todo tu Twitter y todo tu WhatsApp» Mateo 22:37 RGV

«Señor tuya es la venganza, pero usame a mi como instrumento».

«Ni el día, ni la hora en que Jesús vuelve a la tierra nadie lo sabe. Ni Google. Mateo 25:13 RGV»

«No siempre el que calla otorga. A veces le falta un diente o tiene mal aliento y no quiere que se le note»

«Es triste saber que si vas al gimnasio difícilmente te pongas como el instructor, pero si vas al puesto de empanadas, en pocos días te pones como la señora que las vende».

«Por favor, a los que publican sus problemas en las redes, publiquen cuando se resuelvan para no seguir orando o preocupándonos».

EXTRAS

LOS REALES AVENGERS

L as películas son uno de los medios más poderosos para enseñar. Pues al estar involucrados tantos sentidos y tener toda nuestra atención, es más fácil que lo que ella proponga decirnos lo captemos, de manera consciente o inconsciente. Cuando les hablo a adolescentes y jóvenes, suelo sacar enseñanzas de ella.

Si viste The Avengers o como es su título en español: Los Vengadores, tal vez coincidas conmigo en que sus personajes representan varios tipos de personalidades y hasta liderazgos que tenemos a nuestro alrededor. De esta saga saqué una conferencia que fue realmente impactante, aquí comparto algunos de esos principios.

Hulk: Puede ser un señor común y corriente, sabio, sus experiencia brindan grandes aportes, pero tiene un gran defecto: cuando se enoja, saca lo peor de sí: un monstruo peligroso y capaz de arruinar hasta lo que ama. ¿Te suena familiar? Hulk es un tipo de persona, que cuando está calmado es amable pero al enojarse, tiende a herir a todo ser viviente a su alrededor. Muchas veces se esconde detrás de una oración similar a esta: «Es que cuando me da esa ira, enfrento todo lo que no esté bien, porque tengo un celo santo» y aunque parece piadosa y justificada, a la luz de la Biblia sabemos que la ira desmedida daña cualquier buena intención (Ef.4:26). Debemos siempre hablar con palabras sazonadas con sal. (Col.4:6). Y aun fuera un asunto de «es que se me cruzan los apellidos» como algunos dicen o de que «se me calienta la sangre» recordemos que al venir a Cristo, nos hicieron una transfusión, por lo cual ya no portamos la sangre ni la genética de nuestra familia, sino el ADN de Jesús. (Ef.4:22-24).

Thor: Admirado sobre todo por las féminas. Tipo muy galán, de grande musculatura y destreza pero vive en otro planeta y viene a la tierra solo cuando es muy urgente. Representa a esas personas que viven en otra galaxia, la de la tecnología. Saben mas de un primo que vive en otro país, que de su hermano con quien comparte habitación. Se han aislado en el teléfono, la computadora, el televisor o cualquier otro dispositivo tecnológico.

Si eres un Thor, recuerda que en la cama de un hospital o en lo profundo de una cárcel, tu tecnología no te va a ayudar mucho, pero los seres queridos a tu alrededor si. Desconectate

Iroman: Es mi personaje favorito de la película, pero no es el modelo de liderazgo que quisiera seguir. Pues por encima de todos sus talentos e inteligencia, el orgullo lo hace quedar mal. Este pecado ha destruido familia, ministerios, amistades, empresas y vidas. Uno de los mejores textos bíblicos sobre esto lo encontramos en Proverbios 16:18: Al orgullo le sigue la destrucción; a la altanería, el fracaso.

El apóstol Pablo en la epístola de los Romanos nos aconseja que ninguno tenga más alto concepto de sí que el que debe tener, sino que piense de sí con cordura

Capitán América: Aunque por fuera se ve joven, tiene edad avanzada. Se mantuvo un tiempo perdido pero apareció renovado. Representa a esas personas que están conservándose para salir a la conquista. Puede que tengas mucho tiempo esperando, capacitándote, aprendiendo y aunque otros ven eso como pérdida de tiempo, Dios lo ve como entrenamiento. El apóstol Pablo se tomó más de una década desde que vino al camino en empezar su ministerio formalmente. A José, Dios le dijo que gobernaría cuando tenía 17 y no fue hasta los 30 cuando empezó a hacerlo. Jesús inició su ministerio a los 30 años pero ya a los 12 estaba en el templo. Los discípulos que Cristo eligió duraron 3 años y medio entrenándose para el apostolado. Así que no te desesperes.

El Capitán América tal vez no cuenta con grandes súper poderes pero se aferra a un súper escudo que le da la victoria. A la luz de la Biblia, todo creyente debe saber que: 1ro, no tenemos súper poderes y eso nos hace dependientes y 2do: ya que somos débiles, dependemos del escudo de la fe. (Ef.6:16). La fe es un súper escudo hecho con un material divino, único e indestructible.

Por fe Abraham estuvo dispuesto a sacrificar a su hijo Isaac, quizás porque sabía, que si Dios pudo resucitar el vientre de su esposa, podría resucitar a su hijo muerto. Así funciona la fe, te hace entender que si Dios ayer obró, hoy también lo hará.

VERSIÓN RIQUI GELL

«En Halloween me voy a disfrazar de Sobre de diezmo y ofrenda para darle miedo a muchos».

«Los mejores regalos en esta vida son: amor, amistad, lealtad y el ultimo iPhone».

—Pastor, me siento solo.
—Yo también hijo, sentarse es fácil.

«El mundo sería más bonito si los mosquitos en vez de chupar sangre, chuparan grasa».

«En todo lo que haga en esta vida procura dar el 100%, al menos que estés donando sangre».

«Batería baja: batería tú no eres baja, tu eres fuerte, muy fuerte, tu eres una guerrera, recarga y continua tu vida».

«Dicen que si escribes 666 en la pared de tu habitación a las 6 de la mañana y gritas bien fuerte: ANTICRISTOOOOO 6 veces, se levanta tu papá y te cae a zapatazos».

Made in the USA
Columbia, SC
25 May 2023

16883484R10072